Martina Dressel

E-Mail-Knigge

Das Original

WEB GOLD Akademie Dr. Dressel e.K.

Dressel, Martina:
E-Mail-Knigge: Das Original
Martina Dressel. – Freital/Dresden; Luzern und Calgary:
WEB GOLD Akademie Dr. Dressel e.K.,
3. überarbeitete Auflage, 2008

ISBN:978-3-00-026059-9

E-Mail-Knigge® ist eine eingetragene Marke.
Dieses Werk, einschließlich aller seiner Teile, ist urheberrechtlich geschützt. Die dadurch begründeten Rechte, insbesondere der Übersetzung, des Nachdrucks, des Vortrags, der Entnahme von Abbildungen und Tabellen, der Funksendung, der Mikroverfilmung oder der Vervielfältigung auf anderen Wegen sowie der Speicherung in Datenverarbeitungsanlagen bleiben, auch bei nur auszugsweiser Verwertung, vorbehalten. Eine Vervielfältigung dieses Werkes oder von Teilen desselben ist auch im Einzelfall nur in den Grenzen der gesetzlichen Bestimmungen des Urheberrechtsgesetzes in der jeweils geltenden Fassung zulässig. Sie ist grundsätzlich vergütungspflichtig. Zuwiderhandlungen unterliegen den Strafbestimmungen des Urheberrechts.

Copyright 2008 WEB GOLD Akademie Dr. Dressel e.K.;
Steile Straße 1, D-01705 Freital (bei Dresden)
Herausgeber: WEB GOLD Akademie Dr. Dressel e.K.
Lektorat: Sylvia Hülse, Dresden
Umschlaggestaltung: thepixture – mediendesign, Dresden
Druck und Bindung: Druckerei Lokay e.K., Reinheim

Inhalt

1. Wozu ein Buch zum E-Mail-Knigge? 7
2. Drittauflage: Was hat sich getan? 19
3. Grundgesetze der Kommunikation 25
4. Sorgfaltspflichten des Empfängers 29
5. E-Mail-Knigge: Fünf Prinzipien 33
   5.1. Kurzfristige Antwort 33
   5.2. Weniger ist mehr 39
   5.3. Die Perspektive des Empfängers einnehmen 42
   5.4. Es vermeiden, dem Empfänger Zeit zu rauben 43
      5.4.1. SPAM: Womit der Ärger beginnt und das Geschäft endet 43
      5.4.2. Geschäftliche E-Mail-Postfächer frei halten für geschäftlich Wichtiges 45
      5.4.3. Unterbrechen Sie Ketten-E-Mails 56
      5.4.4. Bewahren Sie den Adressaten vor Schaden 58
   5.5. Respekt: Zollen und spüren lassen 62
6. Zur Anatomie der E-Mail 67
   6.1. Zum Kopf der E-Mail 68
      6.1.1. Zur Rolle der Absenderadresse 69
      6.1.2. Zur Empfängeradresse: An, CC, BCC 76
      6.1.3. Die Betreff-Zeile 87
   6.2. Der Textkörper 95
      6.2.1. Textformat oder HTML? 95
      6.2.2. Struktur 102
      6.2.3. Anrede 105

6.2.4. Der erste Satz 109
6.2.5. Inhalt: Vollständig und korrekt 110
6.2.6. Korrekte Orthografie und Grammatik 111
6.2.7. Zum Smiley 114
6.2.8. Abschlussgruß 115
6.2.9. Signatur 117
6.2.10. ...und am Ende das „Letzte": Disclaimer 121
6.3. E-Mail-Anlagen 123
6.4. Vermerk zur Wichtigkeit 128
6.5. Empfangs- oder Lesebestätigung 128
6.6. Verschlüsselung und elektronische Signatur 129

7. Texten von E-Mails 131

7.1. Deutsche Sprache – schwere Sprache? 133
7.2. Flüssiger Schreibstil 135
7.3. Kurz und auf den Punkt formuliert 137
7.4. Verständlich schreiben 138
7.5. Beugen Sie Konflikten vor 143
7.6. Innerbetriebliche Kommunikation 146
7.7. Der elektronische Geschäftsbrief 150
7.8. E-Mails im Marketing 153
7.9. E-Mail-Bewerbungen 158
7.10. E-Mails im Kundenservice 161
7.11. Ihre E-Mail-Knigge-Checkliste 170

Glossar 173

Literaturverzeichnis 189

1. Wozu ein Buch zum E-Mail-Knigge?

Das im deutschsprachigen Raum bekannteste Buch zum Thema Umgang miteinander erschien 1788 unter dem Titel „Über den Umgang mit Menschen". Der Name des Autors, Freiherr von Knigge, ist bis heute das Synonym für gutes Benehmen.

Inzwischen wurde eine Infrastruktur, zwischenmenschliche Kontakte zu pflegen, verfügbar, die uns vor neue Herausforderungen stellt. Ein Blick in die Geschichte zeigt, dass moderne Kommunikationstechnologien stets auch Fragen der Etikette und des Umgangs miteinander, aufwarfen.

An einem Abend im Mai des Jahres 1864 wurden Britische Politiker in einer Sitzung durch ein Klopfen an der Tür gestört. Ein Telegramm erreichte sie. Das war zur damaligen Zeit und zu so später Stunde außergewöhnlich. War ein Krieg ausgebrochen oder die Königin erkrankt? Sie rissen den Umschlag auf, um überrascht festzustellen, diese Nachricht stand in keiner Verbindung zu irgend einem nationalen Unheil. Vielmehr ging es um Zahnheilkunde. Die Herren Gabriel aus der Harleystraße 27 warben mit den Öffnungszeiten ihrer Praxis, gültig bis Oktober: 10 bis 17 Uhr. Wütend wandten sich einige der Anwesenden an die Times. „Ich hatte noch nie etwas mit den Herren Gabriel zu tun", wetterte einer von ihnen „und ich möchte wissen, mit welchem Recht sie mich belästigen mit einem Telegramm, dessen einziger Zweck Werbung ist." Die Times druckte das anstößige Telegramm ab. Wie nützlich für die Absender, verhalf ihnen das zu weiterer Bekanntheit. Diese Begebenheit schilderte der Historiker Matthew Sweet dem Economist[14)] gegenüber. Es war ein Beispiel für das, was wir heute als SPAM bezeichnen würden.

Als um 1870 das Telefon aufkam, beunruhigte die Leute der Gedanke, dass sie Anrufe von Personen erhalten könnten, denen sie noch nicht einmal ordnungsgemäß vorgestellt worden waren[14]. Weitere Minenfelder im sozialen Miteinander lauerten bereits. Das Handelsjournal TELEPHONY berichtete 1903 über eine ältere Dame, die sich über ihre Nichte beschwerte, weil diese mit einem Mann telefonierte, dessen Anruf sie erreichte, als sie gerade beim Ankleiden war. „Beide unterhielten sich so, als wären sie korrekt gekleidet und hätten sich gerade auf der Straße getroffen. Ich sage Ihnen, was diese Generation sich erlaubt, ist zuviel für mich."

Wie lange kommunizieren wir schon per E-Mail? Hätten Sie auf über 35 Jahre getippt?
Es war gegen Ende des Jahres 1971, als der damals 30-jährige Ingenieur Raymond Samuel Tomlinson in Cambridge im US-Bundesstaat Massachusetts die erste E-Mail zwischen zwei Computern verschickte, die im selben Raum standen. Ein Foto dieser schrankgroßen Maschine, an der er damals arbeitete, ist auf seiner Webseite

http://openmap.bbn.com/~tomlinso/ray/home.html

zu sehen. Seine damalige E-Mail-Adresse lautete:

tomlinson@bbntenexa

Ihm ist ebenfalls das @-Zeichen zu verdanken. Damit trennte er den vorderen Teil der E-Mail-Adresse, der aus dem Namen des Empfängers bestehen sollte, vom hinteren, dem Namen des Computers, der die Post annimmt. Er entschied sich für das @, da dies ein Zeichen war, das auf seiner Tastatur, nicht jedoch in Personen- oder Firmennamen vorkam, also weder ein Buchstabe noch eine Zahl war. Das Internet existierte zu dieser Zeit noch nicht. Daran aber forschte Ray Tomlinson gerade.

Wann gab es in Deutschland die erste E-Mail? Das war 1984. Der Informatikprofessor Werner Zorn erhielt am 2. August 1984 folgende elektronische Nachricht an seine Adresse "zorn@germany": "Wilkommen bei CSNET." (Das zweite „l" in Willkommen fehlte tatsächlich.) Damals arbeitete er an der Universität in Karlsruhe. Beim Absender CSNET handelte es sich um ein US-amerikanisches Wissenschaftsnetz. Seit Ende 2007 ist der E-Mail-Pionier im Ruhestand. In einem Interview aus dem Jahr 2007 beschrieb Herr Professor Zorn den zeitlichen Ablauf wie folgt: „Von der Idee bis zum Zeitpunkt als die E-Mail tatsächlich gesendet wurde, hat es etwa ein Jahr gedauert. Wir brauchten ein Vierteljahr, um das Projekt in Deutschland zu beantragen, noch ein Vierteljahr, um in den USA einen geeigneten Partner zu finden - wir haben das damals mit CSNET gemacht - und dann noch mal ein halbes Jahr, um das ganze technisch und administrativ hinzukriegen." (www.tagesschau.de)

Die E-Mail, als Dienst zur Übermittlung von Daten innerhalb elektronischer Netzwerke[22], wurde also zunächst als kurzer Kommunikationsweg zwischen Computer-Spezialisten genutzt. Hier ging es primär um die Geschwindigkeit. Sprache, Ausdruck und Form waren untergeordnet. Terminologien und Abkürzungen waren oft nur für Insider verständlich. Diese Anwendung eines kurzen, unkomplizierten Informationsaustausches hat sich bis heute, zum Beispiel in Projektteams oder für private Anwendungen gehalten. Im vorliegenden Buch soll es weniger um die E-Mail als privates Kommunikationsmittel, sondern vielmehr um die Geschäftskorrespondenz und darüber hinaus um eine zielführende innerbetriebliche Kommunikation gehen. Hier, so zeigt die Praxis, kann der E-Mail-Knigge eine wertvolle und zuverlässige Orientierung geben:

> Bei aller Elektronik bleibt die E-Mail ein zwischenmenschlicher Kontakt. Unsere Sprache ist dabei ein Ausdruck der Wertschätzung sowohl dem jeweiligen

Sachverhalt als auch der anderen Person gegenüber. Wie treffsicher und gewandt Sie mit dem geschriebenen Wort umzugehen verstehen, kommt einer persönlichen Visitenkarte gleich.

*Uns stehen vier Wege zur Verfügung,
ausschließlich vier Wege, mit der Welt umzugehen.
Wir werden beurteilt und eingestuft
durch diese vier Umgangsformen:
Was wir tun, wie wir aussehen,
was wir äußern und wie wir es äußern.*

Dale Carnegie

➢ Wer zeitnah antwortet, verständlich schreibt, wem äußere Formen und ein angemessener sprachlicher Stil gelingen, wer gleichzeitig rechtliche und Sicherheitsaspekte beachtet, gewinnt Wettbewerbsvorteile. Dies betrifft zum Beispiel

- die Zeit- und Kostenersparnis,
- die Verbesserung des Arbeits- und Betriebsklimas, sowie von Mitarbeitermotivation und Stressabbau,
- die Steigerung der Kundenzufriedenheit sowie eine engere Kundenbindung,
- IT-Sicherheitsrisiken werden spürbar gesenkt, indem Mitarbeiter für die Gefahren sensibilisiert werden, die der Laie schwer erkennt.

➢ Viele von uns haben zur E-Mail inzwischen eine Art Hass-Liebe entwickelt.[4] Wir lieben sie, denn sie ist schnell und einfach zu handhaben und schon ein einziger Mausklick ermöglicht es uns, eine Nachricht an viele Empfänger zu senden. Wir hassen hingegen die störende E-Mail-Flut. Eine klinische Studie, die 2005 am Kings College in London mit über Tausend Teilnehmern durchgeführt wurde, kam zu dem Ergebnis, dass die kognitiven Fähigkeiten von Personen unter der

E-Mail-Flut doppelt so stark leiden wie nach dem Konsum von Drogen. Die Teilnehmer wurden einem IQ-Test unterzogen. Dessen Ergebnis fiel bei E-Mail-gestressten Personen um 10%, bei Drogenkonsumenten um nur 5% niedriger aus als es der Intelligenzquotient der Teilnehmer erwarten ließ. „Email destroys the mind faster than marijuana" wurde daher ein Presse-Artikel, der von dieser Studie berichtete, überschrieben. Der E-Mail-Knigge bewahrt Sie davor, selbst als ein Verursacher zur E-Mail-Flut beizutragen.

➤ In unserer globalisierten Welt kommunizieren wir inzwischen über alle geografischen Grenzen hinweg. Dies gelingt demjenigen besonders erfolgreich, der dabei kulturelle Unterschiede berücksichtigt. Das Paradoxe an multikultureller Kompetenz jedoch besteht darin, dass diese voraussetzt, über ein sehr klares Verständnis für seine eigene Kultur, über die sie kennzeichnenden Werte, Haltungen, Normen und Verhaltensweisen zu verfügen.

Was wir aktuell beobachten, ist eine Ironie: Ein Werkzeug, welches dazu dienen soll, die Produktivität zu erhöhen, erweist sich zunehmend als Bremse. Nora Ephron beschreibt dieses Phänomen in einem Artikel der Times vom 1. Juli 2007 unter der Überschrift „Sechs Phasen der E-Mail-Kommunikation":

➤ Phase Eins: Verliebtheit
Soeben habe ich eine E-Mail erhalten! Einfach großartig! Hier bin ich. Schreibe mir!
Im Büro wird kaum noch mit Kollegen im Flur geplauscht. Wenn ich nach Hause komme, ignoriere ich meine Familie, gehe schnurstracks zum Computer, um den Kontakt mit Wildfremden zu suchen. Es ist ja so einfach. Freundlich ist es auch. Es ist eine virtuelle Gemeinschaft. Hurra! Ich habe Post bekommen!

> Phase Zwei: Aufklärung

Aha. Ich beginne zu verstehen. Eine E-Mail hat nichts damit zu tun, Briefe zu schreiben. Es ist Kurzschrift, reduziert auf das Nötigste: Komm auf den Punkt.
Und es spart so viel Zeit. Es dauert nur fünf Sekunden, um eine E-Mail zu beantworten. Am Telefon würden fünf Minuten dafür benötigt. Telefonieren verlangt, Konversation zu führen und sowohl solche Dinge wie „Guten Tag" und „Auf Wiederhören" zu sagen, als auch Anteilnahme und Interesse an der Person am anderen Ende der Leitung vorzutäuschen.
Welch ein Durchbruch! Wie konnten wir überhaupt jemals ohne all dies leben? Ich könnte noch mehr zu diesem Thema ausführen, aber ich muss erst eine Instant Message von jemandem beantworten, den ich schon fast ein wenig kenne.

> Phase drei: Verwirrung

Womit habe ich das nur verdient! Viagra!!!!! Penisverlängerung! Sie haben gewonnen! Sie möchten lästige Rechnungen loswerden?...

> Phase vier: Ernüchterung

Hilfe! Ich ertrinke. Ich habe 112 unbeantwortete E-Mail-Nachrichten. Stell dir vor, wie viel ich schaffen könnte, hätte ich weniger E-Mails zu beantworten. Meine Augen werden müde.
Ich bemerke ein Aufmerksamkeitsmangelsyndrom, das sich rasend schnell verschlimmert. Wann immer ich beginne, eine E-Mail zu beantworten, bemerke ich ein „Sie haben Post" - Signal. Ich fühle mich in der Pflicht, diese sogleich zu prüfen. Schließlich könnte es ja eine wichtige oder interessante Nachricht sein. Ist es nicht. Dennoch, etwas ganz Wichtiges könnte jede Sekunde eintreffen. Ja, es stimmt: Ich kann in wenigen Sekunden E-Mails verfassen. Am Telefon würde das länger

dauern. Allerdings: Die meisten der Nachrichten in meinem Posteingang stammen von Leuten, die meine Telefonnummer gar nicht kennen und mich wohl kaum als erstes anrufen würden. In dem kurzen Zeitraum, in dem ich diese Zeilen verfasste, gingen drei weitere Nachrichten ein. Nun habe ich 115 unbeantwortete Nachrichten. Streichen: 116.

- Phase fünf: Anpassung
  Ja. Nein. Nein. Nein: Kann nicht. Keine Chance. Vielleicht. Wohl kaum. Tut mir leid. Tut mir so leid. Danke. Nein Danke. Nicht mein Ding. Das soll wohl ein Scherz sein. Bin unterwegs. B.U. Versuch es in einem Monat. Versuch es im Herbst. Versuch es in einem Jahr. Ich ändere meine E-Mail-Adresse.

- Phase sechs: Tod
  Ruf mich an.

Ein Blick in die Geschichte zeigt, dass solche Entwicklungsphasen für neue Technologien, angefangen von der Eisenbahn über das Fernsehen bis hin zum Mikroprozessor bereits häufig auftraten. Bei all den genannten Beispielen war der Zeitraum zwischen der Verfügbarkeit dieser Technik und dem Zeitpunkt, von dem ab das Potenzial dieser Innovation für den Menschen und sein soziales Umfeld zufriedenstellend ausgeschöpft war, beachtlich: Es waren jeweils mehr als 30 Jahre. Denken wir ans Fernsehen: In seinen Anfangsjahren war es lediglich ein Nachahmen dessen, was Live-Varietee-Shows, Theaterbühnen und das Kino bereits an Inhalten boten. Es dauerte bis in die frühen 60er Jahre - das Attentat auf John F. Kennedy war hier der konkrete Auslöser – bis das Fernsehen seine Fähigkeit, „genau jetzt und hier mit dabei zu sein" realisierte, und allmählich sein volles Potenzial auszuschöpfen begann. Aktuell ist das Fernsehen erneut in einer Umbruchphase. Insofern steckt

auch die E-Mail voller Chancen für denjenigen, der bereit und offen ist, diese zu erkennen und zu nutzen.
Auf dem diesjährigen „Meeting der Academy of Management", das im August 2008 in Anaheim/USA stattfand, zog ein amerikanisches Forscherteam[28] folgendes Resümee: In E-Mails wird mehr gelogen als im Brief und wesentlich mehr als im Gespräch von Angesicht zu Angesicht: „Die Besorgnis über E-Mail-Kommunikation in den Unternehmen wächst. Dabei geht es vor allem um Vertrauen." Und weiter: „In einem Organisationskontext bleibt viel Raum für Fehlinterpretationen und, wie unsere Studie zeigte, für Täuschungen und Lügen." Demnächst publizieren die Forscher im „Social Justice Research Journal" einen Artikel mit dem Titel (den englischen Originaltitel habe ich ins Deutsche übersetzt) „Online-Kommunikation und soziales Dilemma: Wie Kommunikationsmedien zwischenmenschliches Vertrauen, kooperatives Verhalten und die Auffassungen über Fairness beeinflussen." Für mich klingt das nach zu viel Fremdbestimmung. Wie sehen Sie das? Liegt es in unserer Hand, ob wir flunkern, lügen oder uns missverständlich ausdrücken oder sind daran verfügbare Kommunikationsmedien schuld? Sind wir verantwortlich, wenn wir mitunter viel zu schnell Auto fahren, uns und andere dabei gefährden oder sind es diese verführerisch schnellen Autos? Wie viel Leid bliebe uns ohne den technischen Fortschritt erspart, oder ;-)?

„Wortfolter in der Neuzeit" überschrieb der Schweizer Journalist Thomas Widmer 2008 einen Artikel[39] über die E-Mail. Im Untertitel hieß es: „Elektronische Post ist ein Ärgernis: Unbekannte deponieren dreiste Anfragen, Freunde sprengen mit ihren Ferienfotos ungefragt die Mailbox, die Rechtschreibung entgleist, und alle Welt vergreift sich im Ton. E-Mail macht aggressiv."
Hinterfragen wir den letzten Satz kritisch. Ist es tatsächlich die E-Mail, die aggressiv macht? Ist es nicht vielmehr der Umgang mit der E-Mail, der dazu führen kann, anderen

unnötig viel Zeit zu rauben und sie zu verärgern? Inwieweit können wir demnach auf unser eigenes Verhalten Einfluss nehmen, dem falschen Umgang mit der E-Mail als modernes Kommunikationsinstrument vorzubeugen? Dieser Frage geht das vorliegende Buch nach.

Elektronische Post ermöglicht eine schnelle schriftliche Kommunikation über geografische Grenzen hinweg. Sie eröffnet uns damit sowohl im privaten als auch im geschäftlichen Bereich vielversprechende neue Chancen. Das erklärt ihre rasche Verbreitung. Aktuell wird sie jedoch inflationär benutzt. Zu wenig wird überlegt, ob die E-Mail überhaupt für den jeweiligen Zweck geeignet ist. Verschlimmert wird die Situation durch die ungenügende Sorgfalt beim Verfassen der E-Mail und/oder bei der Auswahl des Verteilers.

In einer Befragung des Meinungsforschungsinstituts TNS Emnid vom Mai 2005 beklagten rund 60% der Befragten, über E-Mails würden oft überflüssige oder sinnlose Informationen ausgetauscht.

„Der erste Eindruck entscheidet. Diese Erkenntnis trifft auch auf die äußere Form und die inhaltliche Qualität von E-Mails zu. Rasches Reaktionsvermögen und ein qualitativ hochwertiger Standard sind entscheidende Erfolgsfaktoren für Kreditinstitute im Bereich der elektronischen Kommunikation." Zu diesem Ergebnis kommt 2007 Natalie Arheiliger in ihrer Diplomarbeit[1] „E-Mail-Management bei Sparkassen in Nordrhein-Westfalen: Eine empirische Untersuchung." Sie hat 155 Kreditinstitute auf ihr Reaktionsverhalten mit mehrstufigen E-Mail-Anfragen getestet.

Der Annual E-Commerce Report vom Februar 2008[13], in dem die E-Mail-Nutzung im Bereich Kunden-Service-Zentrum und Kundenbetreuung für Online-Händler, Online-Makler sowie Online-Reisbüros analysiert wurde, stellt Amazon als ein Unternehmen mit beständig hoher Kundenzufriedenheit (88% in 2007) dar. Insgesamt, so beschreibt es der Bericht, verzeichnet der Online-Einzelhandel eine wachsende Kundenzufriedenheit und dies trotz taumelnder Wirtschaft in den USA. Online-Reisebüros dagegen haben in den vergangenen zwei Jahren Verluste bei der Kundenzufriedenheit hinnehmen müssen. Bei Expedia zum Beispiel ist die Kundenzufriedenheit, die 2005 bei 79% lag und 2006 bei 78% auf 75% im Jahr 2007 gesunken. Daraus zu schlussfolgern, dass ihr Serviceniveau gesunken sei, wäre zu kurz gedacht. Vielmehr werden Service-Leistungen, die noch vor wenigen Jahren als vorbildlich und beispielgebend galten, von den inzwischen im elektronischen Geschäftsverkehr praxiserfahrenen und versierten Einkäufern und Kunden nahezu als Standard, folglich als selbstverständlich vorausgesetzt. Zum anderen zeigt sich erneut, dass für den Ruf nach außen nicht allein die Größe zählt, sondern insbesondere das „schwächste Kettenglied". Dazu kann die E-Mail-Kommunikation zählen, entweder

➢ weil dem Kunden gegenüber unpassend kommuniziert wird, oder
➢ weil die interne Kommunikation so viele Ressourcen beansprucht, dass der Kunde dabei schon beinahe stört.

Die authentischen E-Mails aus der 2004 publizierten Studie „E-Mail-Kommunikation von Handel und Dienstleistung auf dem Prüfstand"[20], sind sicher nicht mehr repräsentativ für die damals untersuchten Unternehmen. Sie jedoch als Relikt aus der Vergangenheit abzutun, wäre verfrüht: Noch immer finden sich geschäftlich verwendete E-Mails mit den seinerzeit aufgezeigten Schwächen.

Eine E-Mail ist kurz, präzise und verständlich zu formulieren. Der Empfänger sollte die Sorgfalt und Wertschätzung des Absenders spüren. Es klingt so einfach und plausibel, scheint aber für viele eine Hürde darzustellen, derer sie sich zu wenig bewusst sind. Constantin Gillies[15] verweist auf eine Studie der Universität Chicago, die zeigt, dass nur die Hälfte der Empfänger die elektronische Botschaft so versteht, wie es vom Absender angestrebt wurde. Wodurch das Ganze noch dramatischer wird: 90% von ihnen gehen davon aus, sie hätten sie richtig verstanden. Das bestätigen auch Untersuchungen der Universität Erlangen. So stellt der Wirtschaftspsychologe Dr. Roman Soucek fest, dass ein Großteil der E-Mails unsauber verfasst und damit ein Anlass für zeitraubende Missverständnisse ist. (http://wiso-psychologie.uni-erlangen.de/forschung/infoflut.php)

Missverständnisse sind in der E-Mail-Kommunikation weit schwieriger zu vermeiden als in der Kommunikation von Angesicht zu Angesicht. Sowohl die Stimme und die Betonung als auch die sogenannten nonverbalen Signale, wie Mimik, Gestik und Körpersprache fehlen vollständig. Dem Kommunikationspartner werden dadurch wesentliche Orientierungshilfen zum besseren Verständnis genommen. So kann es im Alltagstrubel passieren, dass sich Konfliktpotenzial schneller aufbaut, als es uns lieb ist. Die Höflichkeit bleibt dabei oft auf der Strecke. Daneben gibt es Zeitgenossen, die sich auch ohne Missverständnisse und Zeitdruck schwer damit tun, mit anderen respektvoll zu kommunizieren.

Eine gelungene Kommunikation bedeutet Lebensqualität. Dazu soll dieses Buch beitragen. Bitte sehen Sie davon ab, es als starres Regelwerk zu betrachten. Nehmen Sie es vielmehr als ein vielseitiges Buffet an bewährten Praxis-Tipps, aus denen Sie die für Ihren Geschäftsalltag relevanten Ideen herausgreifen. Aufgeführte Stilblüten und Negativbeispiele sollen dabei verdeutlichen, wie mit kleinen Dingen große Wirkung zu erzielen ist. Entdecken Sie, wie sehr es sich lohnt, etwas mehr Überlegung vor dem Versenden zu investieren. Um es mit den Worten von Herrn Knigge auszudrücken: „Es liegt in Ihrer Hand, das zu beherzigen." Ich wünsche Ihnen dabei viel Freude und gutes Gelingen.

2. Drittauflage: Was hat sich getan?

Seit dem Erscheinen der Erstauflage des E-Mail-Knigge sind fünf Jahre vergangen. Die Zweitauflage erschien vor über drei Jahren. Was hat sich in der Zwischenzeit getan?

- Welcher Fehler hält sich hartnäckig?
- Was wird bereits besser gemacht?
- Welche Fehler sind neu?

Signifikant gestiegen ist die Anzahl der Personen, die sich für diese Fragen ernsthaft interessieren. Die Zahl von Pressepublikationen, sei es in der Fach- und Tagespresse, im Rundfunk oder Fernsehen, hat spürbar zugenommen. Bücher, die sich an das Thema, mitunter sogar stark an den Buchtitel des Ihnen vorliegenden Originals des E-Mail-Knigge anlehnen, sind erschienen. Das alles zeigt, wie begehrt diese Materie ist. Die Vorgänge verdeutlichen, wie viele Menschen eine gepflegte E-Mail-Kultur vermissen und anstreben.

Die Anzahl der Mitarbeiter, die sich für ihr Unternehmen bessere E-Mail-Spielregeln wünschen, war bereits vor fünf Jahren hoch. Inzwischen ist zusätzlich die Zahl der Entscheidungsträger gestiegen, die ähnlich empfinden. Dazu zählen zum Beispiel Firmeninhaber, Geschäftsführer, Personalleiter oder Verantwortliche im Bereich Qualitätsmanagement. Oft war es der durch die E-Mail-Flut ausgelöste Leidensdruck, der Veränderungen wie diese ausgelöst und möglich gemacht hat. So sagte vor einem Jahr der Inhaber einer sehr erfolgreichen Firma mit über vierzig Mitarbeitern zu mir: „Am liebsten würde ich von heute auf morgen sämtliche E-Mail-Kommunikation in meinem Unternehmen einstellen." Da das unmöglich war, blieb nur die Alternative, sich den Herausforderungen zu stellen. Im Ergebnis dessen wächst der Vorsprung von Unternehmen, die ihre E-Mail-Kultur und E-Mail-Effizienz optimieren gegenüber denen, die diesen Fragen weder Zeit noch Aufmerksamkeit widmen, mit hoher Dynamik. Andere haben das Thema zumindest auf die Agenda gesetzt. Gehen sie das Thema mit der erforderlichen Konsequenz und Kompetenz an, bestehen gute Chancen, aufzuholen. Was aber wird aus denjenigen, denen jegliches Bewusstsein sowohl für die Brisanz des Themas als auch für das Potenzial, das sie verschenken, fehlt? Liest man ihre E-Mails, so sprechen diese oft Bände. Werden sie erst durch Schaden klug? Oder gehen sie ernsthaft davon aus, dass für sie andere Regeln im zwischenmenschlichen Umgang gelten? Es fällt mir schwer, das zu glauben. Aber wie schrieb schon George Orwell in „Farm der Tiere": „Alle Tiere sind gleich. Nur einige Tiere sind gleicher... " Die Folgen sind uns bekannt.

Apropos Leidensdruck: SPAMs haben uns bereits vor fünf Jahren gestört. Damals verbargen sich dahinter vorrangig unaufgefordert versendete Werbe-E-Mails. Inzwischen tritt die Werbung als Motiv für das Versenden von SPAM-E-Mails in den Hintergrund. So zeigt die Studie „State of Internet Security 2007: Protecting Business E-Mails" des IT-Unternehmens Webroot (www.webroot.com), welche Bedrohungen von SPAMs aktuell ausgehen. Wir sollten wachsam bleiben. Laut „E-Crime Watch Report 2007"[38] stellen die Mitarbeiter im eigenen Unternehmen das zweitgrößte Cyber-Sicherheitsrisiko für Unternehmen dar – gleich nach den Hackern. „Der Mitarbeiter, das trojanische Pferd?" lautet ein Schwerpunkt der Fachtagung „Die Postmoderne E-Mail-Generation - Technische Herausforderung durch moderne Kommunikationsmittel" im November 2008 in Zürich. Nach meiner eigenen Erfahrung resultiert die Mehrheit der durch Mitarbeiter verursachten Schäden aus fahrlässigem Verhalten. Unwissenheit schützt vor Torheit nicht. Sie handeln zwar nach bestem Wissen und Gewissen, aber was nutzt das, wenn ihnen grundlegende Zusammenhänge unbekannt sind und es als unwichtig erachtet wird, diese den Mitarbeitern zu vermitteln. Die Angst davor, Fehler zu begehen, kann zu einer Rechnerphobie führen. Sie löst Stress aus und kann, wenn nichts dagegen unternommen wird, krank machen. Weit geringer ist die Zahl der Personen, die vorsätzlich Schaden generieren. Insofern soll dieses Buch dazu beitragen, Mitarbeitern und Chefs, die immer noch glauben, IT-Sicherheit liegt ausschließlich in den Händen der IT-Abteilung und hat mit Technik und nicht mit dem eigenen Verhalten zu tun, die Augen zu öffnen, denn dabei handelt es sich um einen gravierenden Irrtum.

SPAMs werden nach wie vor in viel zu hoher Stückzahl versendet. Schätzungen der BT-Group, einem global agierenden Dienstleistungsunternehmen im Bereich Kommunikation (www.bt.com) zu Folge werden pro Tag rund 6,5 Milliarden SPAM-E-Mails versendet. Dies entspricht 80 Prozent aller elektronischen Nachrichten. Die Plage durch Massen-E-Mails trifft die Schweiz am härtesten. Das zeigt eine von Messagelabs (www.messagelabs.com) erstellte Rangliste. Swisscom, der größte Schweizer Provider, bestätigt, dass aktuell rund 80 Prozent aller E-Mails an Bluewin-Mailadressen SPAM sind. Noch vor drei Jahren lag der Anteil bei rund 50 Prozent.

Zum Glück sorgen aber inzwischen verfügbare Filtermechanismen dafür, dass SPAMs immer weniger unseren Posteingang am Arbeitsplatz verstopfen. Neben der besseren technischen Infrastruktur, auf die wir zurückgreifen können, ist ein weiterer Fortschritt zu vermerken: Immer mehr Personen verfügen über ein ausgeprägteres Bewusstsein und sind sensibel für dieses Thema.

Neues gab es auch bei der Signatur, die nach der Abschlussgrußformel in E-Mails eingefügt wird. Große Firmen haben hier praktikable und ansprechende Lösungen entwickelt. Kleine Firmen haben spätestens 2007 daran gearbeitet. Schließlich hat der deutsche Gesetzgeber für geschäftsrelevante E-Mails seit dem 1. Januar 2007 klare Richtlinien geschaffen. Neben diesen wurden weitere rechtliche Grundlagen für die E-Mail-Kommunikation festgelegt.

Die heute verfügbare Speicherkapazität übersteigt die von vor fünf Jahren signifikant. Leider verführt das den ein oder anderen auch dazu, weniger sparsam mit Speicherressourcen umzugehen. Überdimensionierte E-Mail-Anlagen, häufig bei Verwendung von Videos oder Grafiken, sind die Folge dieses meist fahrlässigen Verhaltens. Dennoch ist das für den Empfänger unangenehm. Eine mögliche Folge dessen: Postfächer einzelner Mitarbeiter werden unerreichbar, weil der verfügbare Speicherplatz ausgelastet ist. Das kann allerdings ebenfalls das Ergebnis einer unpassenden E-Mail-Ablage und –Archivierung sein. Hat ein Unternehmen E-Mail-Spielregeln (meist E-Mail-Policy genannt) definiert und hält sich auch im Alltag an diese, ist es vielen anderen Firmen oder Organisationen mehr als nur einen Nasenlänge voraus. Die Umsetzung der E-Mail-Spielregeln setzt jedoch eine technisch solide Infrastruktur und ein integriertes E-Mail-Archiv voraus. Die Zahl der Unternehmen, die diesem Ratschlag folgen, ist in den letzten fünf Jahren erfreulich angestiegen.

Zugenommen hat das Fälschen von E-Mail-Absenderadressen. So kann es passieren, dass die elektronische Post seriöser, unbescholtener Unternehmen unerwartet im SPAM-Filter landet. Wie Sie das erkennen und was dann zu tun ist, lesen Sie in Kapitel 6.1.1.

Gestiegen hingegen ist die Vielfalt sinnvoller E-Mail-Anwendungen, so zum Beispiel im Gesundheitswesen. Wurde vor fünf Jahren die E-Mail als Kommunikationsmittel zwischen Arzt und Patient überwiegend abgelehnt oder galt zumindest als Exot, so hat sich bis heute das Bild gewandelt. Australische Ärzte haben in einer Studie (Quelle: www.aerzteblatt.de) festgestellt, dass sich der perioperative E-Mail-Kontakt zwischen Patienten und Chirurgen positiv auf die Betreuung von Patienten auswirkt. Mehr als jeder dritte Patient hat die Chance genutzt, sich per elektronischer Post an seinen Chirurgen zu wenden. Selbst in der Kontrollgruppe, die nicht ermutigt wurde, auf diesem Weg zu kommunizieren, haben sich 14 Prozent mittels E-Mail an den behandelnden Arzt gewandt. Eine Überforderung der Mediziner durch die elektronische Postflut scheint ausgeschlossen. Die meisten Patienten, die E-Mails schrieben, thematisierten nur einen Punkt mit ihrem Chirurgen.

Prozentual rückläufig scheint dagegen die Zahl von E-Mails zu sein, in denen eine oder mehrere Anlagen angekündigt, es aber vergessen wird, diese auch beizufügen. Ebenfalls prozentual rückläufig sind E-Mails ohne Betreff. Acht Jahre Workshops zum E-Mail-Knigge, davon fünf mit Buchbegleitung, beginnen also, Früchte zu tragen. Freuen Sie sich auf die Drittauflage und mit mir gemeinsam auf die Herausforderungen, die in den nächsten Jahren auf uns warten.

3. Grundgesetze der Kommunikation

Lassen Sie uns an dieser Stelle wesentliche Grundgesetze der Kommunikation in Erinnerung rufen.

1. Das erste Grundgesetz der Kommunikation lautet: **Wahr ist nicht, was A sagt, sondern was B versteht.** [3)]
   Angewendet auf die E-Mail-Kommunikation bedeutet das:

   Wahr ist nicht, was A schreibt oder meint, sondern was bei B „ankommt".

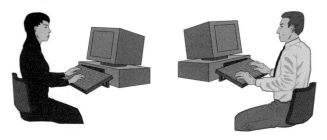

Empfänger B   **Absender A**

2. **Wenn B eine Nachricht von A falsch interpretiert, ist A schuld. (Das setzt allerdings voraus, dass der Empfänger B seinen, im Kapitel 4 erläuterten, Sorgfaltspflichten nachkommt.) Das heißt, die Verantwortung für die exakte Kommunikation liegt beim Absender.** [3)]
   Dessen Grundanliegen sollte es sein, seine Information so zu übermitteln, dass sie vom Empfänger richtig verstanden wird. Dies wiederum ist die Grundvoraussetzung für eine adäquate Reaktion des Empfängers:
   > In Form einer Antwort und damit für einen Dialog (statt Monolog!),

> in Form einer vom Absender bezweckten und gewünschten Handlung.

Eine Ursache der E-Mail-Flut liegt in unverständlichen Formulierungen. Sie induzieren entweder Rückfragen des Empfängers oder „Nachfasser"-E-Mails des Absenders, wenn der Empfänger aufgrund des Missverständnisses falsch oder gar nicht gehandelt hat.

Der Trainer und Unternehmensberater Michael Birkenbihl[3] formulierte dies noch fordernder: „Wer immer einem anderen etwas mitteilt, **muss** sich davon überzeugen, ob ihn der Empfänger richtig verstanden hat. Unterlässt der Sender dieses Feedback, kann er den Empfänger nicht für falsches Verhalten verantwortlich machen!"

Empfänger B   **Absender A**

Was aber, wenn es sich bei A um jemanden handelt, den die Regeln der Kommunikation aktuell ganz und gar nicht kümmern, so zum Beispiel um einen verärgerten Kunden oder auch einen Kollegen? Hier entsteht für B eine hochgradig anspruchsvolle Herausforderung, nämlich die, mit Konflikten umzugehen.

3. Jede Kommunikation hat einen Inhalts- und einen Beziehungsaspekt. Dabei dominiert der Beziehungsaspekt gegenüber dem Inhaltsaspekt. [37)]

Das bedeutet: **Wenn in der Kommunikation** zwischen den Beteiligten **zunächst keine harmonische Atmosphäre hergestellt werden kann, ist es müßig, sich** überhaupt **dem sachlichen Inhalt zuzuwenden.**

In diesem Zusammenhang ist das von Steven R. Covey[5)] als Metapher genutzte Beziehungskonto erwähnenswert. Jeder weiß, was ein Bankkonto ist. Auf ein Bankkonto werden Geldbeträge eingezahlt oder von ihm abgehoben. Analog ist es beim Beziehungskonto. Allerdings geht es dabei nicht um Geldbeträge, sondern um Vertrauensreserven. Gegenüber jemandem, der Sie als zuverlässigen und loyalen Freund, Kollegen oder Geschäftspartner kennen und schätzen gelernt hat, ist Ihr Beziehungskonto gut gefüllt. Die Kommunikation ist in diesem Fall einfach. Beziehungskonten bei Leuten, mit denen Sie im Geschäftsalltag zu tun haben, bedürfen eines wachsamen Auges und regelmäßiger „Einzahlungen". Schließlich passiert es, meist ungewollt, dass Abbuchungen erfolgen. Auslöser dafür können zum einen die von Ihrer eigenen Erwartung abweichende Wahrnehmung Ihres Verhaltens und zum anderen ein falsches Wort zur falschen Zeit sein. Verhindern Sie also, dass sich die alten Guthaben (von Ihnen unbemerkt) aufbrauchen. Das gilt sowohl privat als auch geschäftlich. Das betrifft die Beziehungen unter Kollegen, zu Vorgesetzten und Mitarbeitern, zu potenziellen und bestehenden Auftraggebern, zu Geschäftspartnern und so weiter. Insofern stellt auch eine E-Mail an einen unbekannten Kollegen oder an einen bekannten, mit dem es aber gerade Krach gab, eine weitaus größere Herausforderung dar als eine E-Mail an eine Person, auf deren Vertrauen und Sympathie Sie zählen können. Versprechungen, die nicht eingehalten werden, lösen übrigens die stärksten emotionalen Enttäuschungen aus. Sie führen zu erheblichen Abbuchungen auf dem Beziehungskonto. Bedenken Sie dies, wenn Sie geneigt sind, eine zugesagte E-Mail-Antwort erst später und damit verspätet zu geben.

Den beiden Ebenen jeder Kommunikation, der Inhalts- und der Beziehungsebene, entspricht ein ganz spezieller Wortschatz; nämlich ein mathematisch-korrekter und ein bildhaft-gefühlsbeladener.

Und schon sind wir bei den „Tu es!" und „Lass es!" der E-Mail-Kommunikation angelangt. Lassen Sie uns dies in den folgenden Kapiteln vertiefen.

Bisher haben wir ausschließlich den Verfasser von E-Mails in die Pflicht genommen. Auf ihn warten auch im weiteren Verlauf des Buches jede Menge Tipps. An dieser Stelle sei jedoch betont, dass eine gelungene Kommunikation ein gegenseitiges Nachkommen der Sorgfaltspflichten voraussetzt. Dem Empfänger gebühren also ebenfalls Pflichten. Diesen widmen wir uns im folgenden Kapitel.

4. Sorgfaltspflichten des Empfängers

Der Adressat sollte seine E-Mails stets konzentriert lesen und Folgendes berücksichtigen:

Vorurteile sind unangebracht

Der Adressat sollte sich darum bemühen, die Botschaft vorurteilsfrei und so objektiv wie möglich aufzunehmen und zu verstehen. Vermeiden Sie darüber hinaus persönliche Interpretationen. Trennen Sie zwischen Fakten und Personen. Folgende Hürden lauern auf der Empfängerseite beim Lesen und Wahrnehmen der E-Mail. Es ist im Sinne einer konstruktiven Kommunikation, wenn sich sowohl der Absender als auch der Empfänger dieser Hürden bewusst sind.

Leute beurteilen

Unsere Neigung, vorschnell ein Urteil über Leute zu fällen, verzerrt unsere Fähigkeit, ihre Botschaft vorurteilsfrei aufzunehmen. Wie schnell passiert es, dass ein Blick auf die E-Mail-Absenderadresse genügt, diesen Menschen gedanklich einer bestimmten Schublade zuzuordnen. („Ach, die schon wieder...", „Das muss ja schief gehen."; „Er hält sich doch sowieso für den Größten.") Wie hoch ist in diesem Fall unsere Chance, die Botschaft richtig zu verstehen?

Verdrehen einer Botschaft,

um nur das zu lesen, was man selbst herauslesen möchte. Dies wird auch „selektives Lesen" genannt. Sie schenken Ihre Aufmerksamkeit entweder nur bestimmten Teilen der E-Mail oder Sie verdrehen das Geschriebene in einer Art und Weise, dass es Ihren Bedürfnissen entspricht. Im Ergebnis dessen lesen Sie nur das, was Sie lesen wollen, aber nicht das, was dort tatsächlich geschrieben steht.

Ihre eigenen Emotionen

Die Person oder das Thema sind eng mit Ihrer eigenen Geschichte (zum Beispiel einem ähnlichen persönlichen Erlebnis oder einem Lebensabschnitt oder einer kürzlich selbst durchlittenen Situation) verbunden. Das kann dazu führen, dass Sie Dinge, die ein anderer Ihnen schreibt, verzerrt wahrnehmen. Sie sind einfach emotional stark „vorbelastet" und interpretieren das geschriebene Wort vorrangig auf der Basis eigener Erfahrungen.

Annahmen

Sie treffen bestimmte Annahmen, ohne überhaupt vollständig informiert zu sein. Dies kann zum mentalen „Ausstieg" führen, bevor Sie die E-Mail zu Ende gelesen haben. Statt einen Satz jeweils komplett zu lesen, lesen Sie nur den Anfang und führen dann den Satz des Absenders selbst zu Ende.

Mangelndes Interesse

Sie empfinden das Thema oder den Absender als langweilig. Innerlich bewegen Sie derzeit ganz andere Dinge und halten Sie vom Lesen ab. Mitunter wird Ihr Interesse auch stark von der Komplexität oder vom Schwierigkeitsgrad der jeweiligen Angelegenheit beeinflusst.

„Rauschen" reduzieren oder sogar vermeiden

Sicher kennen Sie folgendes Phänomen vom Radiohören: Ein Sender ist schlecht eingestellt oder schwer zu empfangen. Sie müssen sich aufgrund der auftretenden Störungen zusätzlich konzentrieren, um das Wichtige herauszufiltern. Eine vergleichbare Situation entsteht, wenn Sie sowohl wichtige als auch unbedeutende E-Mails in demselben Posteingang vorfinden. Es belastet und stresst Sie zusätzlich. Indem Sie Arbeitstechniken kennen und beherzigen, die Ihnen helfen, mit der E-Mail-Flut umzugehen, wird es für Sie einfacher, konzentriert, überlegt, gelassen und höflich mit anderen zu kommunizieren.

Leichtsinn ist fehl am Platz

Zu groß sind die Gefahren und die Folgen unachtsamen Verhaltens. Wie in der realen Welt auch, so sind im Internet Menschen mit ganz unterschiedlichen Motiven aktiv. Anzunehmen, man selbst hätte es grundsätzlich mit „Gutmenschen" zu tun oder Sicherheitsrisiken seien ausschließlich Sache der IT-Abteilung, ist ein Irrtum. Phishing-E-Mails sind ein Beispiel für die Gefahr, Vertrauliches ungewollt preiszugeben. Wie leicht wird es darüber hinaus Dritten gemacht, bei ungeschützten E-Mail-Abrufen auf Flughäfen, in der Bahn und so weiter, mitzulesen? Welche Folgen hat das für das Unternehmen? Welche Konsequenzen hätte es dagegen, würde die E-Mail, um den Preis der Sicherheit, wenige Stunden später bearbeitet?

5. E-Mail-Knigge: Fünf Prinzipien

5.1. Kurzfristige Antwort

- Antworten Sie zeitnah. Das heißt gleichzeitig:
- Unterlassen Sie Forderungen nach einer sofortigen Antwort.

Wer Sie per E-Mail anspricht, erwartet eine kurzfristige Antwort. Stellen Sie sicher, dass der Absender innerhalb von einem Werktag eine Antwort erhält. (Schreibt die E-Mail-Policy Ihres Unternehmens eine andere Frist vor, zum Beispiel zwei Werktage, antworten Sie in diesem Zeitraum.) Die Antwort **kann**, für den Fall, dass dieses Zeitfenster für die Bearbeitung objektiv zu kurz ist, auch ein Zwischenbescheid sein, der einen Hinweis enthält, wann konkret mit einer **adäquaten** Antwort zu rechnen ist.

WEB GOLD Praxistipp: Überraschen Sie dabei positiv! Kündigen Sie zum Beispiel im Zwischenbescheid eine Antwort innerhalb von einer Woche an, senden diese aber bereits nach drei Tagen.

Sicher kann es Notfälle geben, in denen man alles versucht, um eine Antwort so rasch wie möglich zu erhalten. Dies jedoch sollte die Ausnahme bleiben. Schließlich handelt der E-Mail-Empfänger entsprechend den Grundsätzen des Zeitmanagements, wenn er sein E-Mail-Postfach maximal zwei- bis dreimal täglich auf Neuzugänge prüft und diese dann im Block abarbeitet. Wenn jedes akustische oder optische Signal wie „Sie haben Post" dazu führt, die aktuelle Arbeit zu unterbrechen, ist das kontraproduktiv. Bestimmte Arbeitsplätze bilden hier Ausnahmen. Mitarbeiter im Kunden-Service-Zentrum zum Beispiel haben als primäre Aufgabe, E-Mail-Anfragen von Kunden zu bearbeiten. Die Wertschöpfung am Arbeitsplatz wird bei den meisten von uns jedoch über andere Tätigkeiten generiert. Insofern gilt es zu verhindern, dass E-Mails den straff organisierten Arbeitsablauf stets aufs Neue durcheinander bringen. Judie Morgenstern publizierte dazu 2004 ein Buch unter dem Titel „Never check E-Mail in the Morning". Sie verweist darauf, dass wir gerade morgens geistig zu weit mehr fähig sind, als E-Mails abzuarbeiten. Felix Walker beleuchtet in seinem Ratgeber „Höflichkeit im digitalen Zeitalter"[36)] einen anderen Aspekt, wenn er formuliert: „Im digitalen Zeitalter unterscheidet man zwischen synchroner und asynchroner Kommunikation, und wer wenig Zeit hat und vielbeschäftigt ist, bevorzugt ganz klar die asynchrone Art des Gedankenaustausches. Diese lässt den Beteiligten die Wahl, wann und ob sie eine Nachricht beantworten wollen. In diesem Sinne ist die asynchrone Kommunikation sicher höflicher als die direkte, synchrone Verständigung, die vom Partner verlangt, gleichzeitig da zu sein, sich zu konzentrieren, zu kommunizieren." Gerade diesen Aspekt haben mir gegenüber mehrfach Sekretärinnen betont, die die Substitution früherer Telefonate durch E-Mails begrüßen. Sie können ebenfalls zu den oben genannten Ausnahmen (nur zwei- bis dreimal täglich E-Mails abarbeiten) gehören.

Sehen Sie als E-Mail-Versender also bitte davon ab, die E-Mail durch die Forderung nach der sofortigen Beantwortung zur synchronen Kommunikation umfunktionieren zu wollen oder den Empfänger unter Druck zu setzen, wenn auch nach wenigen Stunden seine Antwort noch aussteht. Sie brauchen die Antwort aber zwingend so schnell? Dann nutzen Sie dafür einen synchronen Kommunikationskanal. Suchen Sie den persönlichen Kontakt oder, falls dies aufgrund von Entfernungen oder aus anderen Gründen ausgeschlossen ist, rufen Sie an.

Hier noch ein Hinweis, der nach meiner Erfahrung insbesondere für die Kommunikation innerhalb eines Unternehmens oder Teams nützlich sein kann: Benötigen Sie als Absender

- gar keine Antwort,
- keine kurzfristige Antwort oder
- bevorzugen Sie die Antwort telefonisch,

so signalisieren Sie das dem Empfänger. E-Mail-Programme bieten dafür passende Funktionalitäten. Beispielsweise ermöglicht Outlook, als ein E-Mail-Programm, dem Absender unter der Funktion „Nachverfolgung" dem Empfänger Hinweise zum Status der E-Mail zu geben oder ihm zu signalisieren, wie mit dieser E-Mail umzugehen ist. Das wird optisch durch Fähnchen symbolisiert. Hier haben Sie verschiedene Optionen, unter anderem:

- „Keine Antwort erforderlich",
(Das hilft, die E-Mail-Flut zu dämmen.)
- „Bitte um Antwort bis... Datum/Uhrzeit",
- „Bitte um Durchsicht bis ... Datum/Uhrzeit" oder auch
- „Bitte um Telefonanruf ...optional mit Datum/Uhrzeit".

Bitte unterlassen Sie es jedoch, die Funktion „Zur Nachverfolgung" zu nutzen, um Ihre Nachrichten (grundsätzlich) als ganz besonders dringend zu „beflaggen" und beim Empfänger Druck zu erzeugen, um zu erreichen, dass Ihre E-Mails bevorzugt bearbeitet werden.

Ein schlechtes Beispiel aus dem Bereich Kundenservice beschreibt Jim Sterne in seinem Buch „Customer Service on the Internet"[35]: Ein Kunde sendet dem Hersteller eine E-Mail und reklamiert ein defektes CD-ROM-Laufwerk. Daraufhin herrscht Funkstille. Er ruft die Firma an und erfährt, an wen er sich wenden kann, um das CD-Laufwerk umzutauschen. Der Umtausch funktioniert reibungslos. Drei Monate später erreicht ihn die Antwort auf seine ursprüngliche E-Mail mit dem Hinweis, an wen er sich wenden kann, um das CD-Laufwerk umzutauschen.

Sie können das besser, oder? Das konkrete Benennen eines Termins, zum Beispiel:

➤ Am Montag, den...
oder
➤ eines Zeitfensters, zum Beispiel:
- Innerhalb der nächsten zwei Wochen,
- innerhalb der nächsten achtundvierzig Stunden,
- spätestens bis Ende diesen Monats,

sind dabei allgemeinen Floskeln wie „bald" oder dem in einem der folgenden Beispiele verwendeten Ausdruck „in Kürze" deutlich überlegen.

Sehr geehrter FirmaXY - <u>Kunde</u>,

Ihre E-Mail ist <u>leider</u> noch in Bearbeitung. Sie erhalten aber <u>in Kürze</u> von <u>uns</u> eine Antwort.

Mit freundlichen Grüßen
<u>Ihr XY-Team</u>

Wenn in dieser Beispiel-E-Mail von mir weitere Worte, die über die bereits erwähnten Floskeln hinaus gehen, unterstrichen wurden, so deutet dies auf Optimierungspotenzial beim Texten hin.

Darüber hinaus kommt es – gerade im Bereich Kundenbetreuung– gut an, wenn der Anfragende erfährt, wer genau sich um sein Anliegen kümmert: Aussagen wie

Frau Viola Schmidt wird sich bis spätestens Ende dieser Woche mit Ihnen in Verbindung setzen.

oder auch

Unser Mitarbeiter Herr Gerhard Müller wird Ihnen gern bis übermorgen per E-Mail antworten.

verdeutlichen, dass die Anfrage nicht irgendwo in der Warteschleife kreist, sondern bereits beim verantwortlichen Bearbeiter und damit in den richtigen Händen ist. Nutzen Sie daher diese konkreten Angaben, wo immer es Ihnen möglich und sinnvoll ist. Ein solcher Zwischenbescheid wird häufig mittels Autoresponder erstellt. Doch:

Autoresponder mit Bedacht einsetzen!

Was sind Autoresponder? Zunächst einmal lautet die deutsche Übersetzung „automatischer Beantworter". Ein Autoresponder ist eine von einem Programm erstellte automatische Antwort-E-Mail.

Sehr geehrter FirmaABC – Kunde.

Diese Meldung wurde von unserem System automatisch erzeugt und versendet. Diese Mitteilung soll lediglich bestätigen, dass Ihre E-Mail bei uns eingegangen ist.

Mit freundlichen Grüßen
Ihr ABC Team

Ein Autoresponder funktioniert vom Grundprinzip her ähnlich wie ein Faxabruf. Ein Nutzer sendet eine E-Mail an eine bestimmte E-Mail-Adresse und erhält umgehend das angeforderte Dokument per E-Mail zugeschickt. Sicher kennen Sie diese Anwendung bereits als Abwesenheitsnotiz. Aber selbst hier ist Sorgfalt geboten, wie das folgende Beispiel zeigt:

Sehr geehrte Damen und Herren!

Wir haben Betriebs-urlaub! Wir sind ab 9. August wieder für Sie da. Bis dahin werden wir in Intervallen von einigen Tagen Ihre Mail's entgegennehmen und wenn möglich auch sofort beantworten. Alles andere nach dem 9. August. Bitte haben Sie für etwaige Verzögerungen bei der Beantwortung Ihrer Mail Verständnis. Mfg Name

Ich denke, ein Kommentar erübrigt sich, oder?
Darüber hinaus können Autoresponder als Abrufmöglichkeit für Datenblätter oder längere Texte fungieren. Kataloge, Preislisten, Bestellformulare, aber auch Anfahrtsbeschreibungen finden so automatisiert, ohne jeglichen Personalaufwand ihren Weg zum Kunden, zum Bewerber, zum Geschäftspartner und so weiter.
Vermeiden Sie es bitte unbedingt, den Autoresponder als Alibi zu nutzen, um

- ➢ es mit einer ausgefeilten Antwort oder weiteren Kontakten nicht so eilig zu haben,
- ➢ den Absender auf diesem Weg darüber zu informieren, für welche seiner Anliegen Sie die E-Mail als den passenden Kommunikationskanal ansehen und für welche nicht. Genau dafür nämlich ist ein Autoresponder unter dem Aspekt einer Knigge-konformen Geschäftskommunikation ungeeignet.

Erkennen Sie, warum sich der Einsatz von Autorespondern in der Kommunikation keinesfalls so einfach gestaltet, wie es technisch zunächst scheint? Er ist zwar für **die Abruf-Funktion geeignet, versagt** allerdings **im Dialog**. Schließlich ist es hier völlig unzureichend, eine Standardantwort abzusenden, die nicht einmal in Ansätzen berücksichtigt, mit welchem Anliegen der Absender der E-Mail sich an die Organisation gewendet hat. Mitunter sprechen am Ende der Autoresponder-E-Mail aufgeführte Formulierungen wie

Diese E-Mail wurde automatisch erzeugt und kann nicht beantwortet werden.

in Sachen Dialogführung Bände, nicht wahr?

5.2. Weniger ist mehr

Eine Einladung mit der Bitte, sich bis zu einem festgelegten Termin anzumelden oder abzusagen, wird an 50 Personen versendet. 41 Personen erledigen dies pünktlich. Neun dagegen sind säumig. Der Absender nimmt dies zum Anlass, an denselben Verteiler der Ursprungs-E-Mail eine weitere E-Mail zu senden, in der er darauf hinweist, dass einige Personen sich noch nicht verbindlich geäußert haben. Diese bittet er, die Zu- oder Absage nachzuholen. Fazit: 41 überflüssige E-Mails. Von Nachahmungen wird abgeraten.

Unser Ziel sollte es sein, kritisch zu hinterfragen, inwieweit es sinnvoll ist,
- weniger E-Mails zu schreiben,
- die Verteiler für unsere E-Mails zu reduzieren,
- unser Anliegen in einem kürzeren Text unterzubringen,
- mit weniger und kleineren Anlagen auszukommen.

Diejenigen Fach- und Führungskräfte,
die sich von guten zu großartigen entwickelten,
fokussierten konstant darauf, was nicht zu tun ist
und darauf, womit man aufhören sollte.
Jim Collins,
in seinem Buch: From Good to Great

Prüfen Sie dazu möglichst vor dem Verfassen einer E-Mail, spätestens jedoch vor dem Versand:
- Deren Zweck: Inwieweit eignet sich eine E-Mail für Ihr Anliegen? Stellt die E-Mail den optimalen Kommunikationsweg dar? Immer wieder, wenn wir in Workshops dieser Frage nachgehen, wird – insbesondere für die innerbetriebliche Kommunikation - erhebliches Potenzial aufgedeckt, der E-Mail-Flut sowie der unnötigen

Belastung am Arbeitsplatz vorzubeugen. Selbst ein Fachmann für emotionale Intelligenz, wie der Buchautor Daniel Goleman, machte folgende Erfahrung, die er in einem Artikel in der New York Times[16] vom 7. Oktober 2007 beschreibt:

> Ich war gerade dabei, mein neues Buch zum Abschluss zu bringen, als eine Mitarbeiterin des Verlages mir eine E-Mail sendete, die mich innehalten ließ. Ich hatte sie ein einziges Mal während eines Meetings getroffen. Mittels E-Mail stimmten wir uns zu einigen sehr wichtigen Details, darunter zu Veröffentlichungsrechten, ab. Ich dachte, alles läuft gut. Dann schrieb sie: „ Diese Abstimmungen mittels E-Mail vorzunehmen, fällt mir schwer. Ich klinge bissig und Sie klingen verärgert." Zunächst überraschte es mich, zu erfahren, ich klinge verärgert. Aber ich erkannte auch, hier läuft etwas aus dem Ruder. Also telefonierten wir. In wenigen Minuten war alles geklärt und wir verabschiedeten uns freundlich voneinander.

➤ Den Verteiler: Reduzieren Sie ihn auf ein sinnvolles Minimum. Hinterfragen Sie kritisch: Wozu versende ich diese E-Mail an diesen Verteilerkreis? Ist sie tatsächlich für jeden der Empfänger nützlich oder von Wert? Habe ich inhaltliche Wiederholungen vermieden? Oder geht es mir vorrangig darum, mir selbst Zeit zum Auswählen des relevanten Verteilerkreises zu ersparen, um die Angelegenheit so schnell wie möglich abzuwickeln? Ist es mir überhaupt bewusst, welche Folgen ein zu großer Verteiler hat?

➤ Wie Sie Ihr Anliegen kurz und auf den Punkt formulieren. Hinweise, wie Ihnen das gelingt, finden Sie im Kapitel 7.

➤ Sowohl die Zahl als auch die Größe von Anlagen. Beachten Sie dazu die Hinweise im Kapitel 6.3.

➢ Setzen Sie Ausrufezeichen sparsam ein. Bei Satzzeichen reicht eines. Wer glaubt, mit „???" mehr (Fortschritt) als mit „?" zu erreichen, der irrt.

Viele von uns führen ein geschäftiges,
aber undiszipliniertes Leben.
Unsere Aktivitäten – Listen „zu erledigen"
werden immer länger.
Wir versuchen, Impulse zu generieren,
indem wir mehr tun
und noch mehr tun
und noch mehr.
Aber es funktioniert trotzdem nicht.
Was wichtiger ist als die „Was ich tun werde" - Listen
sind die Listen „Was ich NICHT tun werde".
Steven Covey[5]

5.3. Die Perspektive des Empfängers einnehmen

*Die Welt ist voll
von habgierigen, selbstsüchtigen Menschen.
Deshalb haben die wenigen, die selbstlos versuchen,
anderen zu dienen, einen ungeheuren Vorteil:
Sie stehen praktisch konkurrenzlos da.*

Dale Carnegie

Dieses Prinzip ist in der zwischenmenschlichen Kommunikation sehr wichtig. Steve R. Covey[5] nennt es „Erst verstehen, dann verstanden werden."
Es gilt weit über die E-Mail-Kommunikation hinaus. Für viele scheint jenes Prinzip eine echte Hürde darzustellen. Das zeigen viele Beispiele in diesem Buch. Aber auch authentische E-Mails

- unter Kollegen,
- zwischen Führungskräften und Mitarbeitern,
- zwischen Unternehmen und ihren Kunden, aber auch zwischen Zulieferern und ihren Auftraggebern sowie
- aus dem Bereich Marketing,

auf deren Abdruck wir hier verzichtet haben, sprechen Bände. Ich bin unsicher, ob diese Personen es nicht besser können oder wollen. Oder sollten diese E-Mails genau in den fünf Minuten verfasst worden sein, von denen Elbert Hubbard sagte:

*Jeder Mensch
ist mindestens fünf Minuten am Tag ein verdammter Idiot.
Diese Grenze nicht zu überschreiten,
das ist Weisheit.*

Wer aufgrund dieser Aussage auch bei sich einen gewissen Handlungsbedarf erkennt, wird in den Kapiteln sechs und sieben fündig, welche Veränderungen sinnvoll und nützlich für eine bessere E-Mail-Kommunikation sind.

5.4. Es vermeiden, dem Empfänger Zeit zu rauben

Geht es auch Ihnen so, dass Sie

- im Dienst zu viele E-Mails erhalten?
- mitunter das Gefühl haben, mehr Zeit für E-Mails als für Ihre eigentliche Arbeit aufzuwenden?
- E-Mails erreichen, die Vorgänge betreffen, in die Sie gar nicht involviert sind?
- unaufgefordert zugeschickte Werbung stört? Daraus folgt die Botschaft: NIEMALS SPAM!

5.4.1. SPAM:
Womit der Ärger beginnt und das Geschäft endet

SPAM war der Name eines Sülzfleisches, das es in den USA in Büchsen verpackt gab. Der Ausdruck SPAM bezeichnet im Internet vorrangig Werbe-E-Mails, die unaufgefordert an Adressaten versendet werden. Ins Deutsche übertragen kann SPAM also mit „(Ge)Sülze" übersetzt werden. Was erreicht eine SPAM-E-Mail beim Empfänger? Sie raubt ihm etwas sehr Wertvolles: Seine Zeit! Bei herkömmlichen Postsendungen hat ein Empfänger die Möglichkeit, die Post zentral vorsortieren zu lassen. So wird zum Beispiel ein ungewollter Werbebrief bereits im Vorzimmer oder im Sekretariat ungelesen entsorgt. Dieser Vorgang ist mit dem Löschen einer E-Mail vergleichbar. Wird aber elektronische Post nicht zentral vorsortiert, sondern an jedem einzelnen Arbeitsplatz heruntergeladen, kostet das die Mitarbeiter viel mehr wertvolle Zeit, von Sicherheitsrisiken ganz zu schweigen. Waren es zunächst primär Produkte und Dienstleistungen aus dem Rotlichtbereich, die in störender Weise beworben wurden, so werden inzwischen auch häufig Aktien auf diesem Weg feilgeboten. Die Absender verfolgen damit das Ziel, Kurse nach oben zu treiben, um daran zu verdienen. Natürlich sind Börsenbriefe nicht grundsätzlich

SPAM. Das gleiche gilt für andere Produktwerbung. In Zeiten der E-Mail-Flut jedoch wird es immer schwieriger für den Empfänger, das eine vom anderen zu unterscheiden.

Zudem wird der Versand unaufgeforderter Werbe-E-Mails auch vom Gesetzgeber kritisch gesehen und behandelt. Aber selbst wenn wir die rechtlichen Konsequenzen zunächst außer Acht lassen, die geschäftlichen wiegen mindestens genauso schwer. So kann der Adressat, sieht er Ihre Nachricht als SPAM an, Ihre Absenderadresse (oder sogar alle E-Mail-Adressen die Ihrer Domain ...@ihreFirma.de) unterliegen, auf die Liste setzen (lassen), die zukünftig grundsätzlich im SPAM-Filter zurückgehalten wird. Keine der von Ihnen oder Ihren Mitarbeitern an diesen Empfänger gesendeten E-Mails wird den gewünschten Posteingang erreichen.

Die Verwendung gekaufter E-Mail-Adressen bietet vorrangig dem Adressverkäufer Vorteile. Eventuell haben auch Anwälte, die, beauftragt von verärgerten Adressaten, Abmahnungen versenden oder Agenturen, die in Ihrem Auftrag Serien-E-Mails versenden und stückzahlabhängig vergütet werden, etwas davon. Die Hauptpersonen jedoch, nämlich Sie und Ihre Zielgruppe ziehen keinerlei Vorteil daraus.

WEBGOLD Praxistipp: Die E-Mail ist für den geschäftlichen Erstkontakt zu Werbezwecken ungeeignet. Permission-Marketing ist der Schlüssel: Dabei gestattet Ihre Zielgruppe Ihnen freiwillig und gern, ihre E-Mail-Adresse zu nutzen, zum Beispiel für von ihnen abonnierte Newsletter. Der Kauf von Adressmaterial wird damit vollkommen überflüssig.

5.4.2. Geschäftliche E-Mail-Postfächer frei halten
für geschäftlich Wichtiges

Geschäftliche E-Mail-Adressen wurden in erster Linie dazu eingerichtet, Geschäfte vorzubereiten, abzuwickeln und nachzubereiten. Zusätzlich sollen Geschäftsabläufe koordiniert und die während dieser Prozesse notwendige Kommunikation erleichtert werden. Wie oft jedoch landen im Posteingang An- oder Umfragen, die

➤ in keiner Weise zur Wertschöpfung im Unternehmen beitragen,
➤ die ohnehin immer knapper werdenden Zeitressourcen für die eigentlichen Hauptpersonen
   - potenzielle und Bestandskunden von Firmen,
   - Mitarbeiter,
   - Bürger (im Fall von Behörden),
   - Patienten in Krankenhäusern und Praxen,
   - und so weiter,

zusätzlich beanspruchen. Leider leistet die Verpflichtung zur Publikation der E-Mail-Adresse in der Impressumspflicht hier Vorschub. Dadurch wird eine E-Mail-Adresssammlung zur simplen Fleißarbeit. (Selbst wenn der Webseiteninhaber sich vor dem automatischen Abfischen durch eine .gif-Datei schützt, der Fleißarbeiter findet sie.) Dennoch: Entspricht diese Vorgehensweise einem respektvollen Umgang mit anderen, Geschäftsadressen für Anliegen zu nutzen, die den Adressinhaber von seinen geschäftlichen Aktivitäten ablenken?
So berichtet der Schweizer Journalist Thomas Widmer[39] von folgender Begebenheit:

Nachdem ich in der Weltwoche einen Artikel zum Antirassismus geschrieben hatte, erhielt ich elektronische Post von einem mir unbekannten Studenten. Er teilte mir mit, er plane zu ebendiesem Thema eine Seminararbeit, und ich als Spezialist sollte ihm, selbstverständlich mit den entsprechenden Literaturangaben, bitte die folgenden zentralen Begriffe genau definieren: Rasse, Rassismus, Diskriminierung...(weitere Begriffe folgten).

Haben Sie einmal zusammengezählt, welchen Anteil Ihrer Zeit Sie damit verbringen könnten, sich Anfragen wie dieser zu widmen oder Umfragen zu beantworten, von denen jede für sich doch nur fünf, zehn oder fünfzehn Minuten beansprucht?

Von: Frankfurter Buchmesse <newsletter@book-fair.com>
An: service@webgold-akademie.de
Betreff: Umfrage zum Rauchverbot - Gastland China
  unterzeichnet Vertrag - Piraterie im Visier

Guten Tag service@webgold-akademie.de,

Rauchen oder Nichtrauchen, das ist hier die Frage: Auf vielen Buchmessen herrscht bereits Rauchverbot. Soll auch die Frankfurter Buchmesse in Zukunft rauchfrei sein? Machen Sie mit bei unserer Umfrage. ....

Von: Frankfurter Buchmesse <newsletter@book-fair.com>
An: service@webgold-akademie.de
Betreff: Branchen-Umfrage: Die größten Herausforderungen für die Verlagsbranche

Frankfurter Buchmesse 2007: 10.- 14.10.2007

Branchen-Umfrage: Was sind aktuell die größten Herausforderungen für die Verlagsbranche?

Guten Tag service@webgold-akademie.de,

die Frankfurter Buchmesse als globaler Treffpunkt der Buch- und Medienwelt ist ein Barometer für Veränderungen in der Branche. Im Vorfeld der Messe wollen wir herausfinden, was die Buchwelt beschäftigt und wie die Verlagsindustrie weltweit von den Leuten gesehen wird, die in der Branche arbeiten.
Daher senden wir Ihnen mit dieser E-Mail eine internationale Brachenumfrage in englischer Sprache, die an alle 35.000 internationalen Newsletter-Abonnenten verschickt wird!

Wenn Sie zu den Newsletter-Lesern gehören, die in der Buchbranche arbeiten, würden wir uns freuen, wenn Sie 2 bis 5 Minuten aufwenden, um an der kurzen Online-Umfrage teilzunehmen.

Nach Abschluss der selbstverständlich anonymen Umfrage werden wir die Ergebnisse in den Medien, auf unserer Website und in unserem Newsletter als statistischen Branchenreport veröffentlichen – sicherlich auch für Sie spannend und aufschlussreich zu lesen.

Wir sind gespannt auf Ihre Einschätzung!

zur Umfrage
www.buchmesse.de/en/index.php

Vielen Dank und schöne Grüße!

Caroline Vogel
newsletter@book-fair.com

© 2007 Frankfurter Buchmesse
Newsletter der Frankfurter Buchmesse
ISSN 1613-9879
Erscheinungstermin: 14. September 2007

Ihre Angaben werden selbstverständlich absolut vertraulich behandelt.

Diese E-Mail ging an 35.000 Adressaten. Wäre irgendjemand auf die Idee gekommen, diese Umfrage mit der Post zu versenden?
Eine besonders unangenehme Erfahrung bot jedoch eine von der American Express Bank an ihre Mitglieder gestartete Umfrage:

Von: AmericanExpress@email.americanexpress.com
An: mustermann@xy.de
Betreff: American Express: Ihre Meinung ist uns wichtig.

Ihre Meinung ist uns wichtig

Sehr geehrtes American Express Mitglied,
nur das Wissen um Ihre Meinung und Einstellung ermöglicht eine ständige Verbesserung unserer Produkte und Leistungen. Daher ist uns Ihre Meinung auch ganz besonders wichtig!
Wir würden es sehr schätzen, wenn Sie 5 Minuten Ihrer Zeit unserer Umfrage widmen könnten.

Da die Umfrage in einem gesicherten Bereich stattfindet, geben Sie bitte zu Beginn das folgende Kennwort ein: AB9016162YZ *(Kennwort im Buch verfälscht)*
Ihre Angaben werden selbstverständlich absolut vertraulich behandelt. Vielen Dank für Ihre Teilnahme.

Mit freundlichen Grüßen
Andrea Campbell   Link zum Fragebogen
Vice President Consumer Marketing
American Express Mitglied seit 1994

Ein Mausklick auf den in der E-Mail rechts unten angegebenen Link zum Fragebogen führte zu einer Fehlermeldung. Auf diese machte der Empfänger aufmerksam. Hätte er nur davon abgesehen.

Von: mustermann@xy.de
An: AmericanExpress@email.americanexpress.com
Betreff: Re: American Express: Ihre Meinung ist uns wichtig.

Guten Tag Frau Campell,

leider funktioniert der Link zu Ihrer Umfrage nicht. Wollen Sie so Ihre Kunden beschäftigen? Nehmen Sie sich doch zuverlässige Fachleute für die Vorbereitung Ihrer Aktionen.

Leicht genervt
Ihr B. Mustermann

Von: Auto-Reply American Express [support-b0j5eyfaxk0d9jac66qbrb6w01w0pu-ar@email.americanexpress.com]
An: mustermann@xy.de
Betreff: American Express

Hiermit bestätigen wir, dass Ihre Stornierung des E-Mail Newsletters so schnell wie möglich technisch umgesetzt

> wird. In Einzelfällen kann dies jedoch einige Tage in Anspruch nehmen. Wir bitten hierfür um Ihr Verständnis!
>
> Wir möchten Sie noch einmal darauf hinweisen, dass jede Antwort auf den E-Mail Newsletter automatisch als Wunsch, den E-Mail Newsletters zu stornieren betrachtet wird. War es jedoch nicht Ihre Absicht sich abzumelden, können Sie sich jeder Zeit unter www.americanexpress.de/enews wieder anmelden.
>
> Mit freundlichen Güßen
> American Express

Sie sind verwundert, weshalb es plötzlich um eine Stornierung des Newsletters geht? Vermutlich wurde zum Versand der Umfrage die technische Infrastruktur für den Newsletterversand genutzt. Eine Antwort des Empfängers führt zu dieser automatisch generierten Antwort. Was ist von dem Versender der E-Mail zu halten, wenn in vorformulierten Textbausteinen wie diesem nicht allein das „r" in „Grüßen" vergessen wurde, sondern auch noch solch konfliktbeladene Formulierung wie

> „Wir möchten Sie noch einmal darauf hinweisen...",

vorkommt? Diese Aussage kann vom Empfänger als „Sie Depp" oder „Ihnen müssen wir wohl alles doppelt erklären." aufgefasst werden. Und: Wann wurde B. Mustermann denn bereits einmal darauf hingewiesen, dass jede Antwort auf den E-Mail-Newsletter automatisch als Wunsch, den E-Mail-Newsletter zu stornieren, betrachtet wird. Noch nie!

Wie geht die Geschichte weiter? B. Mustermann versendete im Kundenbereich der Amex-Webseite erneut seine Ursprungsnachricht, jetzt an die Kundenbetreuung. Hätte er bloß davon abgesehen. Damit löste er eine wahre Nachrichten-Flut aus.

Von: American Express Online Services
[americanexpress@email2.americanexpress.com]
An: mustermann@xy.de
Betreff: Vielen Dank für Ihre E-Mail.

Sehr geehrtes American Express Mitglied,

vielen Dank für Ihre E-Mail.

Dies ist eine automatische Bestätigung. Wir werden Ihre Anfrage binnen zwei Arbeitstagen beantworten.

Wenn Sie eine sofortige Antwort benötigen, wählen Sie die Kundenservice-Nummer, die auf der Rückseite Ihrer American Express Karte steht.

Eine Liste von unseren Kundenservice-Nummern finden Sie hier:
http://www.americanexpress.com/germany/cust_svce/main.shtml

Aus Sicherheitsgründen werden Sie sämtliche Antworten zu Ihren E-Mails in Ihrem Posteingang finden. Sobald Sie eine E-Mail in Ihrem Posteingang erhalten, schicken wir Ihnen eine Benachrichtigung an Ihre hinterlegte E-Mail Adresse.

Wenn Sie uns wieder per E-Mail kontaktieren möchten, besuchen Sie Ihr Kommunikationscenter auf
http://www.americanexpress.de/posteingang

Bitte antworten Sie nicht auf diese automatische E-Mail.

Unser Tipp: Sie kommunizieren bereits online mit uns! Dann ist eRechnung sicher etwas für Sie. Lassen Sie sich ab sofort Ihre Monatsrechnung online als PDF zustellen.

http://www.americanexpress.de/keinpapiermehr

Freuen Sie sich über ausgewählte Angebote aus den Bereichen Travel, Shopping und Events? Dann melden Sie sich jetzt für unseren E-Mail Newsletter an!
http://www.americanexpress.de/enews

Verstehen Sie, was dieser Absatz aussagen soll?

Aus Sicherheitsgründen werden Sie sämtliche Antworten zu Ihren E-Mails in Ihrem Posteingang finden.

Natürlich befinden sich sämtliche Antworten auf E-Mails im Posteingang. Wo denn sonst? Aber doch wohl weniger aus Sicherheitsgründen als mit dem Ziel, miteinander zu kommunizieren.

Sobald Sie eine E-Mail in Ihrem Posteingang erhalten, schicken wir Ihnen eine Benachrichtigung an Ihre hinterlegte E-Mail Adresse.

Oje! Wann immer Herr Mustermann eine E-Mail in seinem Posteingang erhält, schickt AMEX ihm eine Benachrichtigung an seine bei AMEX hinterlegte E-Mail-Adresse. Das können ja richtig viele Benachrichtigungen werden! Woher weiß AMEX eigentlich, dass und wann Herr Mustermann eine E-Mail in seinem Posteingang erhalten hat? Wie war das mit den Sicherheitsgründen? Irritiert Sie das auch?

Die am Ende eingefügten zwei Werbebotschaften gelten, so zeigen Studien wiederholt, als unbeliebt.

Am nächsten Tag fand Herr Mustermann im Web-Kundenbereich zwei weitere Nachrichten an ihn vor. Beides sind Antworten auf seine E-Mail an Frau Campbell:

Sehr geehrter Herr Mustermann,

vielen Dank für Ihren Hinweis.

Wir informieren Sie darüber, dass wird Ihre Nachricht an den Fachbereich weiter geleitet haben.

Falls Sie noch Fragen haben, bitten wir Sie, sich mit unserem Kundenservice unter der Rufnummer: (069)-97... in Verbindung zu setzen.

Mit freundlichen Grüßen
Ihr Kundendienstteam
Sehr geehrter Herr Mustermann,

damit wir Ihre Kundenanfrage exakt beantworten können, bitten wir Sie, uns den Link für die Beantwortung zu mailen.

Falls Sie noch Fragen haben, bitten wir Sie, sich mit unserem Kundenservice unter der Rufnummer: (069)-97... in Verbindung zu setzen.

Mit freundlichen Grüßen
Ihr Kundendienstteam

Aha: Anstatt selbst einen Blick auf die versendete Umfrage (Ursprungs-E-Mail) zu werfen, um den fehlerhaften Link zu prüfen, wird derjenige beschäftigt, der diesen Fehler entdeckte und sich die Mühe machte, darauf hinzuweisen. Sicher ist das eine Methode, sich in Zukunft von Fehlerhinweisen dieser Art zu befreien. Aber vielleicht befreit sich nach dieser Erfahrung auch der Kunde von AMEX? Wäre eine Antwort von Frau Campbell, deren fehlerhafte E-Mail Auslöser des Ganzen war, nicht besser gewesen? Diese fehlt bis heute.

Die Gefahr, E-Mail-Aussendungen an zu viele Empfänger zu schicken, besteht auch innerhalb von Unternehmen. Bei einem Empfänger, dem der Inhalt irrelevant erscheint, entstehen dadurch unnötig Fragen nach dem „Wozu?". Das kostet sowohl Zeit als auch Nerven. Dazu ein Beispiel: Sie als Führungskraft haben per E-Mail eine Information mit Bitte um Kenntnisnahme Ihrerseits und die Weiterleitung der entsprechenden Information an Ihre Mitarbeiter, erhalten. Sie ärgern sich darüber, dass die Ihnen zugeleitete Information erdrückend ausschweifend formuliert ist und Sie unnötig viel Zeit (nehmen wir an: Fünf statt zwei Minuten) kostet. Um zu verstehen, worum es geht, hätte ein Drittel des Textes genügt. Sie könnten den Text kürzen, bevor Sie ihn an Ihre fünfzehn Mitarbeiter weiterleiten. Aber Sie haben ja bereits wertvolle Zeit verloren. Also sind Sie geneigt, die E-Mail unverändert weiterzuleiten. Relevant ist der Inhalt nur für fünf Ihrer Mitarbeiter. Die anderen zehn aber aus dem aktuellen Verteiler zu nehmen, würde Sie erneut eine Minute, das Kürzen der E-Mail auf das eigentlich nützliche Drittel nochmals fünf Minuten kosten. Also ab geht die Post: Die lange Version per Mausklick an den Standardverteiler. Ergebnis: Zehn Mitarbeiter sind jeweils fünf Minuten gebunden, um eine für sie nutzlose Nachricht zu lesen. Fünfzig Minuten Arbeitszeit sind verloren. Fünf Mitarbeiter beschäftigt eine viel zu lange Nachricht. Sie brauchen insgesamt fünf mal drei Minuten länger als notwendig, um den für sie wichtigen Inhalt zu erfassen. Fazit: Über eine Stunde wertvolle Mitarbeiterzeit wurde vergeudet gegenüber Ihrer eigenen Einsparung von etwa sechs Minuten. Ist es Ihnen das tatsächlich wert?
Allerdings soll es auch vorkommen, dass Empfänger darauf bestehen, möglichst über alles informiert zu werden und es vermissen, wenn sie überraschend aus einem, auf Plausibilität geprüften Verteiler verschwinden. Was lehrt uns das?
„Es recht zu machen jedermann, ist eine Kunst, die keiner kann."

Bleiben wir beim E-Mail-Adressaten. Inwieweit wird er unterscheiden zwischen Absendern, die sein E-Mail-Postfach inflationär füllen und solchen, deren Nachricht wohlüberlegt und gut verständlich ankommt, deren Zweck für den Empfänger erkennbar und plausibel ist? Welche Schlussfolgerungen wird er daraus für sein Handeln ableiten? Ist das in Ihrem Sinn?

5.4.3. Unterbrechen Sie Ketten-E-Mails

Was sind Ketten-E-Mails? Im wesentlichen gibt es zwei Gruppen:

1. Die erste Gruppe wird meist in der Kommunikation nach außen verwendet und beginnt mit Sätzen wie

   „Wenn Sie diese E-Mail an zehn weitere Adressaten versenden...".

2. Die zweite Gruppe findet man häufiger innerhalb von Unternehmen. Sie enthalten Betreff-Zeilen wie

   Betreff: AW: WG: WG: AW:

Bleiben wir gleich bei der zweiten Gruppe. Die längste E-Mail, die mir Workshopteilnehmer zeigten, entstand über mehrfaches Antworten und Weiterleiten. Sie war ausgedruckt volle sechzehn A4-Seiten lang. Ausdrucke von knapp zehn Seiten sind keine Seltenheit. Der Vorgang ist damit zwar historisch und detailliert belegt, aber welcher Mensch ist in der Lage, das wahrzunehmen? Niemand. Es ist ausgeschlossen, aus dieser Textmenge, noch dazu am Bildschirm, mit vertretbarem Zeitaufwand das Wesentliche herauszufiltern. Missverständnisse und Frust sind vorprogrammiert, von fehlendem Zeitmanagement ganz zu schweigen. Sehen Sie deshalb davon ab, Ihre Kollegen, Mitarbeiter oder Vorgesetzte mit solchen E-Mails zu belasten. Filtern Sie als Absender bereits heraus, was für den Empfänger wichtig ist. Fordern Sie dies als Empfänger einer Ketten-E-Mail höflich vom Absender ein.

Was die erste Gruppe betrifft, so werden diese Ketten-E-Mails häufig für Werbezwecke verwendet, jedoch nicht allein. Barack Obamas Berlin-Rede im Juli 2008 war kaum verhallt, da verschickten die Demokraten eine Ketten-E-Mail mit einem Hinweis auf die Video-Aufzeichnung der Rede. Nach dem Tsunami in Asien wurden Personensuchmeldungen von angeblichen Hilfsorganisationen auf diesem Weg versendet. Seien Sie sicher, dass Ketten-E-Mails für Hilfsorganisationen keine Option darstellen. Seien Sie deshalb skeptisch, was das eigentliche Anliegen des Absenders betrifft. Gleiches gilt für (vermeintliche) Virenwarnungen.

Erneut bestätigen Ausnahmen die Regel. Wenn Sie sich innerhalb einer Gruppe oder eines Personenkreises darauf verständigen, für einen bestimmten Zweck, zum Beispiel einen Notfall, mit Ketten-E-Mails (der ersten Gruppe) dafür zu sorgen, dass eine rasche Information aller Beteiligten erfolgt, ist das in Ordnung. Im konkreten Fall hatten Eltern und Lehrer einer Schule dieses Vorgehen aus ihrer Perspektive begrüßt.

5.4.4. Bewahren Sie den Adressaten vor Schaden

Achten Sie auf den Daten- und Virenschutz sowie auf die IT-Sicherheit! Wie auch im realen Leben, gibt es bei der Kommunikation über das Internet Sicherheitsrisiken. Angst davor zu haben, ist der falsche Weg. Entwickeln Sie jedoch eine Sensibilität und ein Bewusstsein dafür, hilft das, fahrlässiges Fehlverhalten zu vermeiden. Damit sind Sie der Problemlösung schon deutlich näher gekommen. Bewahren Sie auf jeden Fall den Empfänger Ihrer E-Mail vor Schaden, der durch Sie verursacht wurde oder den Sie hätten verhindern können. Wo lauern Fallstricke?

Gehen Sie sorgfältig mit Ihnen anvertrauten E-Mail-Adressen um.

Vorsicht mit Adressketten im Kopf einer E-Mail. Gehen Sie vor, wie in Kapitel 6.1.2. beschrieben.

Die E-Mail-Adressen von Kunden und Geschäftspartnern gehören nicht ins Outlook-Adressbuch.

Mit diesem Hinweis werden zunächst ausschließlich Nutzer des E-Mail-Programms Outlook angesprochen. Er erübrigt sich für Anwender von Lotus Notes, ebenfalls für denjenigen, der mit einem Mac (oder Apple-Computer) arbeitet. Dieser Hinweis erübrigt sich darüber für Outlook-Nutzer, die mithilfe von E-Mails ausschließlich innerhalb des eigenen Unternehmens kommunizieren. Dieser Hinweis ist jedoch sehr wichtig für diejenigen Outlook-Nutzer, die über E-Mail mit Partnern außerhalb des Unternehmens kommunizieren.

Die weite Verbreitung von Microsoft-Produkten wie Outlook und Outlook Express erhöhen deren Attraktivität als Angriffsziel für Hacker. Erinnern Sie sich noch an den „I-love-you-Virus"? Wer dieser Betreff-Zeile traute, wurde nicht nur selbst zum Opfer, sondern brachte durch die automatische Aussendung der „I-love-you-E-Mail" an alle im Adressbuch (das gilt gleichermaßen für die Rubrik Kontakte) befindlichen Adressen diese ebenfalls in Gefahr. Anders ausgedrückt: Wenn Ihr Rechner oder Netzwerk infiziert ist, weil Sie selbst Opfer eines Angriffs oder einer eigenen Unachtsamkeit wurden, sind Ihnen die Hände gebunden, andere davor zu bewahren, die Folgen Ihres Handelns schmerzlich zu spüren. Sie haben also die Wahl,

- hilflos zuzusehen, wie andere Schaden nehmen, der durch Sie, wenn auch fahrlässig, verursacht wurde und mitunter dramatische Ausmaße – bedenken Sie nur die Folgen von Ausfallzeiten – annehmen kann oder
- solchen Kettenreaktionen von vornherein vorzubeugen. Ein Weg wäre der, die E-Mail-Adressen von Kunden und Geschäftspartnern in einer Datenbank zu speichern.

Ich bin mir bewusst, dass mancher Leser mit seinem Arbeitsplatz in einem großen Unternehmen jetzt unschlüssig ist, wie er sich persönlich verhalten soll. Schließlich gilt es, zentralen Vorgaben zu folgen. Andere werden erleichtert sein, zu erkennen, dass ihr Unternehmen diese Hürde als solche identifiziert hat und souverän beherrscht. Ich vermute jedoch, es gibt noch genügend andere, insbesondere Freiberufler, Selbstständige und kleinere Unternehmen, die sich der möglichen Folgen ihres Handelns zu wenig bewusst sind.

Damit sind wir schon bei einem weiteren sehr wichtigen Aspekt, dem **Virenschutz**: Schützen Sie den Empfänger vor Viren, Trojanern und sonstigen Schädlingen.

- Arbeiten Sie dazu stets mit einem aktuellen Antivirenprogramm. Aktualisieren Sie die Virensignaturen mindestens einmal pro Woche.
- Achten Sie auf ein sicheres E-Mail- und Anlagenformat. (Vergleichen Sie dazu Kapitel 6.2.1. und 6.3.)

> Misstrauen Sie Virenwarnungen in der Betreff-Zeile. Vermeiden Sie unbedingt, Nachrichten mit solchen Betreff-Zeilen an andere weiterzuleiten. Moderne Filter sollten diese bereits aussortieren. Falls Ihnen dennoch solche E-Mails zugehen, löschen Sie diese augenblicklich. Getarnt als angebliche Fürsorge, werden damit ganz andere Zwecke verfolgt oder unnötig Unruhe generiert. Letzteres geschah 2001 mit der falschen Virenwarnung vor SULFNBK.EXE-Hoax. Am 1. Juni 2001 sollte dieser alle Dateien und Ordner auf dem infizierten Rechner löschen. Diese Warnung war falsch. SULFNBK.EXE war ein optionaler Bestandteil des Windows Betriebssystems. Das Fatale: Wer der Warnung vertraute und diese Datei löschte, lief Gefahr, sein Windows-System zu beschädigen. Ein Mitarbeiter eines amerikanischen Unternehmens fragte bei der Sicherheitsfirma McAfee an, was er tun müsse, um SULFNBK.EXE-Hoax mit dem McAfee-Virenscanner überprüfen zu lassen. Er erhielt folgende Antwort.(Die Original-E-Mail liegt in englischer Sprache vor.)

> Von: McAfee.com
> An: Philipp Schmidt
> Betreff: AW: vso-#4300...
>
> Sehr geehrter Herr Schmidt,
>
> danke für Ihre Anfrage an das Service-Center von McAfee.com. Mein Name ist ..., meine Identifikationsnummer für den Service lautet...
> Gern stehe ich Ihnen für die in Ihrer E-Mail vom ... Datum... gestellte(n) Frage(n) zur Verfügung und unterstütze Sie bei der Lösung der(des) angesprochenen Problem(s) sulfnbk.exe hoax.
>
> sulfnbk.exe ist eine E-Mail-Anlage. Lassen Sie mich darauf hinweisen, dass VirusScanOnline keine E-Mail-

Anlagen scannt. Es handelt sich um einen Access-Scanner, was bedeutet, die Datei wird geprüft, wenn sie geöffnet wird. Ist die Datei virusinfiziert, wird VirusScanOnline Sie sofort alarmieren und darum bitten, die Datei zu säubern oder zu löschen.

...

Sehen Sie, verehrter Leser, unbedingt davon ab, dieser Empfehlung im Umgang mit exe-Dateien zu folgen. Dateien mit der Endung .exe sind grundsätzlich mit großer Vorsicht zu behandeln. Es handelt sich um ausführbare Dateien (exe für executable, auf deutsch ausführbar).

Wer Ihnen empfiehlt, wie in obiger E-Mail geschehen, eine exe-Datei ungeprüft auf Ihrem System abzuspeichern und dann zu öffnen, der würde wahrscheinlich auf die Frage: Wie kann ich prüfen, ob ein Revolver geladen ist, antworten:

Legen Sie den Revolver mit der Öffnung an ihren Kopf. Drücken Sie ab. Wenn sich ein Schuss gelöst hat, ist unverzüglich unser Serviceteam anzurufen. Wir schicken jemanden vorbei, um die Waffe zu entladen.

Überlegen Sie auch, inwieweit Sie in Ihrem Verantwortungsbereich ausgeschlossen haben, dass Ihre Servicemitarbeiter Ihren Kunden zwar freundlich formulierte, aber vergleichbar gefährliche Ratschläge erteilen.

5.5. Respekt: Zollen und spüren lassen

Personalisieren und individualisieren Sie, wo immer es sinnvoll und möglich ist. Was empfinden Sie als angenehmer: Das Gefühl, zuvorkommend behandelt, sogar hofiert oder wie einer unter vielen „abgefertigt" zu werden? Wie empfinden es Ihre Bestands- und potenziellen Kunden, wie Ihre Mitarbeiter, Kollegen und Geschäftspartner? Welches sind Ihre Schlussfolgerungen? Wer Handlungsbedarf erkennt, wird in den Kapiteln sechs und sieben in Bezug auf Lösungen fündig.

Achten Sie auf Freundlichkeit. Beugen Sie Konflikten vor. Drohen Dinge schief zu laufen oder sind es bereits, fragen Sie sich stets als erstes, ob Sie die E-Mail als passend für ein kritisches Wort oder Feedback erachten. Sehen Sie von Frust-E-Mails, ebenso von Befehlen, Beleidigungen, Beschuldigungen, unerbetenen Ratschlägen, von aggressiver Sprache, zornigen, ironischen und sarkastischen Äußerungen ab. Spüren Sie, wie infolge einer unhöflichen E-Mail, die Sie erreicht hat, ihr Puls nach oben geht, wäre es falsch, sich auf der Stelle zu revanchieren. Wer hat sich denn hier daneben benommen und blamiert? Greifen Sie auf Regeln im Konfliktmanagement[10), 17), 18)] und im Umgang mit schwierigen Personen[11), 30)] zurück, die sich in der klassischen Kommunikation bewährt haben. Warten Sie auf jeden Fall zunächst ab. Genießen Sie, dass Ihnen diese Zeit, wieder zur Ruhe zu kommen, zur Verfügung steht, um überlegt statt impulsiv zu reagieren. Das ist ein erheblicher Vorteil gegenüber mündlich und von Angesicht zu Angesicht geäußerten Unhöflichkeiten. Nutzen Sie die Zeit ebenfalls, um sich selber darauf zu prüfen, ob Sie in Ihrer aktuellen Lebenssituation jedes Wort auf die Goldwaage legen und falls dem so ist, diese Schwäche abzustellen. (Vergleichen Sie dazu auch Kapitel 4). So lässt sich eine Verärgerung verhindern oder schnell beheben. Was nutzt es, zu erklären, warum die E-Mail den ein oder anderen dazu verführt, unhöflich zu werden, sprachlich zu entgleisen oder zu lügen? Besser für uns alle ist es doch, das zu unterlassen.

Bevorzugen Sie es, Lösungen oder zumindest Lösungsansätze zu bieten, statt dabei stehen zu bleiben, Hürden oder Probleme zu benennen. Dazu zwei Beispiele: Die Formulierung

> Sehr geehrter Herr Müller,
>
> Ihren Ausführungen können wir nicht folgen, da sie nur ein ungenaues Bild wiedergeben.
>
> Viele Grüße
>
> Peter Mustermann

kann einerseits dazu führen, dass Herr Müller sich von Ihnen als Dummkopf betrachtet fühlt. Andererseits: Was genau soll er tun, um Ihnen ein besseres Bild zu vermitteln? Was halten Sie davon, ihm zu schreiben:

> Sehr geehrter Herr Müller,
>
> ob Sie uns bitte noch folgende Daten (oder Informationen) zukommen lassen:
>
> 1. ...
> 2. ...
> 3. ...
>
> Sobald uns die Daten vorliegen, sind wir in der Lage, den Fall zu bearbeiten und Ihnen innerhalb von vier Werktagen eine verbindliche Antwort/Entscheidung zukommen lassen.
>
> Viele Grüße
> Peter Mustermann

Zum zweiten Beispiel:

> Sehr geehrter Herr Müller,
>
> es tut mir leid, aber Ihre Frage setzt eine Absprache mit der Abteilung IV voraus.
>
> Viele Grüße
>
> Peter Mustermann

Offen bleibt:
- ➢ Wer soll mit der Abteilung IV sprechen: Herr Müller oder Herr Mustermann?
- ➢ Wer in der Abteilung IV ist der passende Ansprechpartner? Wie und wann ist er zu erreichen?

> Sehr geehrter Herr Müller,
>
> es tut mir leid, aber Ihre Frage setzt eine Absprache mit der Abteilung IV voraus. Bitte setzen Sie sich dazu telefonisch mit
>
> Frau Silvia Meyer
> Tel.: 0351 123456 (Mo-Fr: 8-12 Uhr)
> in Verbindung.
>
> Optional: Sie wurde von mir bereits über Ihr Anliegen informiert.
>
> Viele Grüße
>
> Peter Mustermann

In die gleiche Kerbe schlagen die sogenannten „Ich-habe-mich-abgesichert"- E-Mails, wie zum Beispiel

Nur damit Ihr informiert seid: Unser A-Kunde Herr Schulz scheint verärgert.

Ich dachte, Ihr solltet das wissen: Obwohl überfällig, fehlt noch immer jede Rückmeldung vom Catering-Unternehmen.

Mit dem Abgabetermin für meinen Bericht könnte es eng werden – sorry.

Konkrete Daten und Fakten, aus denen Entscheidungen zum Handeln ableitbar sind, fehlen, von einem Lösungsansatz ganz zu schweigen.

Beweisen Sie persönliche Integrität. Verhalten Sie sich anderen Personen gegenüber aufrichtig und loyal. Das gilt selbstverständlich auch für Ihr Unternehmen. Sehen Sie davon ab, E-Mails weiterzuleiten, um Dritte über Konflikte, Interna und so weiter zu informieren. Wie würden Sie es empfinden, wenn eine Ihnen unterlaufene Panne oder eine Meinungsverschiedenheit mit einem Kollegen einem unnötig großen Personenkreis bekannt gegeben wird?

Wo Menschen arbeiten, unterlaufen Fehler. Entschuldigen Sie sich ehrlich dafür. Menschen verzeihen Fehler. Aufrichtig geäußerte Worte des Bedauerns bedeuten zugleich erneute Einzahlungen auf das Beziehungskonto.

Eine sehr populäre Entschuldigungs-E-Mail wurde 2001 von Papst Johannes Paul II verfasst und versendet. Darin hat er sich bei den Ureinwohnern Australiens und Ozeaniens für das kirchliche Fehlverhalten in der Vergangenheit entschuldigt.
Das Oberhaupt der römisch-katholischen Kirche schrieb von „beschämenden Ungerechtigkeiten", die Mitglieder der Kirche in der Region begangen hätten. Der 81-jährige Johannes Paul betonte, seine „uneingeschränkte" Bitte um Ent-

schuldigung gelte besonders für die Rolle, die Kirchenmitglieder bei der zwangsweisen Trennung von Kindern von deren Familien in Australien gespielt hätten. In einigen Teilen Ozeaniens habe auch der sexuelle Missbrauch von Eingeborenen durch einige Mitglieder des Klerus großes Leiden verursacht. Die Botschaft des Papstes wurde entsprechend damaliger Pressepublikationen (www.ref.ch/rna/meldungen/6464.html) von Sprechern australischer Ureinwohner begrüßt. Mit dieser Entschuldigung habe er Führungsqualitäten bewiesen und gegenüber der australischen Regierung Zeichen gesetzt.

6. Zur Anatomie der E-Mail

E-Mails, die Sie selbst versenden, umfassen sowohl von Ihnen initiierte Kontakte als auch Antworten auf E-Mails aus Ihrem Posteingang. Da der Teufel mitunter im Detail steckt, lassen Sie uns die E-Mail in Ihre Bestandteile zerlegen und diese einzeln analysieren.

Bestandteile der E-Mail:

- **der Kopf** besteht aus
  - Absenderadresse
  - Empfängeradresse(n)
  - CC- und/oder BCC-Zeile
  - Betreff-Zeile
- **der Textkörper** besteht aus
  - Anrede / Begrüßung
  - Text-Inhalt
  - Abschluss / Signatur
- Optional: die Anlage(n)
- Optional: Vermerk zur Wichtigkeit, Lesebestätigung

Die aufgeführte Reihenfolge ist dabei nicht als Rangfolge zu interpretieren. Sie steht in Beziehung zur zeitlichen Abfolge bei der Vorbereitung, dem Verfassen und dem Versenden von E-Mails. Sie können sie aber auch als Checkliste ansehen. Reflektieren Sie für sich selbst, welche Tipps für Sie und Ihre E-Mail-Anwendungen besonders wertvoll sind. Ganz sicher wird es Tipps geben, die Sie längst in hervorragender Weise beherzigen. Bei anderen dagegen entdecken Sie Lücken und damit Verbesserungspotenzial. Welche Tipps dies genau betrifft, wird individuell sehr unterschiedlich sein. Sehen Sie bitte davon ab, sich durch die Ratschläge eingeengt zu fühlen. Freuen Sie sich vielmehr auf eine zielführende, angenehme und entspannte Kommunikation, auf positive Feedbacks sowie auf lohnenswerte Geschäftskontakte!

6.1. Zum Kopf der E-Mail

Der Kopf der E-Mail beinhaltet Informationen zum Transport. Hieraus lassen sich Rückschlüsse auf den Weg der E-Mail und ihren ursprünglichen Absender gewinnen. Der E-Mail-Kopf ist damit zunächst mit dem klassischen Briefcouvert vergleichbar. Unter diesem Aspekt ist es wichtig, dass sowohl

- die Absenderadresse als auch
- die Empfänger-E-Mail-Adresse

eindeutig erkennbar sind. Hier geht es darum, Vertrauen zu gewinnen.

6.1.1. Zur Rolle der Absenderadresse

Meist stellt sich zunächst die Frage: „Bekannt" oder „unbekannt"? Das dient primär dazu, sowohl IT-Sicherheitsrisiken vorzubeugen als auch die SPAM-Belastung zu reduzieren. Stellen Sie daher sicher, dass der Empfänger Ihr Unternehmen oder Ihre Organisation aus der Absenderadresse eindeutig erkennen kann. SPAMmer (Versender unaufgeforderter Werbe-E-Mails) wollen genau das Gegenteil erreichen. Unterscheiden Sie sich davon positiv. Verdeutlichen Sie dem Empfänger, dass Sie nichts zu verbergen haben. Das ist heute auch deshalb wichtig, um nicht bereits vom SPAM-Filter des Empfängers herausgefiltert zu werden. Tragen Sie Sorge dafür, dass Ihre Absenderadresse bei Empfängern, die für Sie wichtig sind, stets auf der sogenannten „White List" (auf Deutsch: Weiße Liste) stehen. Das ist das Adressverzeichnis, das vom Empfänger „grünes Licht" erhält und zugestellt wird. Im Gegensatz dazu landen ungeliebte Absenderadressen auf der „Schwarzen Liste" („Black List") und werden bereits vor dem Erreichen des Empfängerpostfachs herausgefiltert.

Leider häufen sich die Fälle des Missbrauchs von E-Mail-Absenderadressen. Das ist mehr als nur eine Unhöflichkeit. Woran Sie erkennen können, ob Ihre Adresse missbraucht wird? In Ihrem Posteingang liegen Antwort-E-Mails, meist Abwesenheitsnotizen von (seriösen) Absendern, mit denen Sie definitiv noch nie Kontakt hatten. Sie erhalten diese Antwort, weil ein anderer Absender Ihre E-Mail-Adresse als Absenderadresse verwendet hat. Sollte es zu rechtlichen Auseinandersetzungen mit einem der Empfänger kommen, ist am Header der E-Mail nachweisbar, dass Sie als ursprünglicher Versender ausscheiden. Unangenehm bleibt es dennoch. Was Sie tun können? Hier hilft nach meiner Erfahrung nur eins: Substituieren Sie die missbrauchte E-Mail-Adresse. Mir ist aktuell kein anderer Weg bekannt, dem Herr zu werden.

Nach meiner Erfahrung haben große Unternehmen die Frage der Absenderadresse zentral und solide geregelt. Oft ist dies Bestandteil Ihrer CI (CI: Corporate Identity: Begriff aus dem Marketing, der den Auftritt nach außen festlegt). Inwieweit widmen jedoch auch kleine Firmen oder Neugründungen diesem Aspekt genügend Aufmerksamkeit? Eine permanente E-Mail-Adresse, welche auf Ihre eigene Domain anstatt auf @t-online, @gmx.de und so weiter endet, eignet sich viel besser als Absenderadresse für jegliche Geschäftskorrespondenz.

Unsere Domain ist
http://www.webgold.de

unsere zentrale E-Mail-Adresse lautet
service@webgold.de

Ein Bewerber, der sich für eine Tätigkeit in meiner Firma interessierte, schrieb uns mit dem Absender „Max und Moritz" an. Ich vermute, dies ist fahrlässig geschehen. Gleiches gilt, wenn Bewerber sich von kostenlosen E-Mail-Angeboten wie zum Beispiel von gmx.de oder web.de locken lassen, dafür jedoch den Preis zahlen, dass diese E-Mails mit Werbung aufgefüllt werden. Was hat die in Ihrer Bewerbung zu suchen?
Vorsätzlich gehandelt wurde dagegen von einzelnen Radiohörern, von denen in der folgenden Geschichte die Rede sein wird. Es waren außergewöhnliche E-Mail-Absenderadressen, welche die Redakteure eines Radiosenders als Empfänger irritierten. Der Radiosender fragte bei mir nach, wie sie am besten damit umgehen sollten. Sie nannten mir authentische Beispiele, die wir uns an dieser Stelle ersparen. Darunter waren sowohl solche, die anzüglich als auch solche, die brutal und angsteinflößend klangen. Da gab es solche, die zweideutig zu interpretieren waren oder auch zärtlich klingende Kosenamen enthielten. Einige der Absenderadressen ließen sich über das Internet personifizieren. Der Radiosender rief die Personen an. Sie wurden nach ihrem Motiv für diese Absenderwahl gefragt. Was glauben

Sie, war das Ergebnis? Die befragten Hörer fanden ihre jeweilige Absenderadresse urkomisch oder besonders originell. Übrigens: Der Eindruck, den diese Personen am Telefon hinterließen war unvergleichlich angenehmer und „normaler" als es die von ihnen gewählte Absenderadresse zunächst vermuten ließ.

Inzwischen gibt es dazu auch Untersuchungen von Psychologen. Entsprechend einer Studie[2] der Universität Leipzig, in die rund 600 Schüler einbezogen wurden, zeigte sich, dass Merkmale von E-Mail-Adressen den ersten Eindruck auf andere Personen maßgeblich beeinflussen: Personen mit einer .de-Domäne wurden als gewissenhafter eingeschätzt als Personen mit einer .com-Domäne. (Es fällt mir schwer, das zu verstehen.) Personen mit kreativen, fantasievollen und witzigen E-Mail-Adressen galten als extrovertierter und offener. Niedliche Namen in E-Mail-Adressen machten einen eher verträglichen, gutmütigen Eindruck, während angeberische und anzügliche E-Mail-Adressen zu der Vermutung führten, man habe es mit einer narzisstischen Person zu tun. Diese Eindrücke wurden nicht nur von den meisten der Zensoren geteilt, sondern stimmten zu einem gewissen Ausmaß auch mit den tatsächlich gemessenen Persönlichkeitseigenschaften überein. Nach Einschätzung der Wissenschaftler zeigen diese Ergebnisse, dass es für die genaue Einschätzung anderer Personen oftmals unnötig ist, dass diese selbst anwesend sind. „Wir hinterlassen durch unsere persönlichkeitsbedingten Verhaltensweisen und Vorlieben Spuren in den natürlichen und virtuellen Umwelten, in denen wir uns bewegen", so Dr. Mitja Back. In Studien des amerikanischen Psychologen Sam Gosling konnte dies zum Beispiel für Büros, private Webseiten oder Musikpräferenzen nachgewiesen werden. Und die aktuelle Studie zeigt: „Selbst E-Mail-Adressen enthalten Informationen über unsere Persönlichkeit. Fremde Beurteiler scheinen zudem sensibel für diese Signale zu sein und können so zu einem genauen Persönlichkeitsurteil über uns gelangen."

Yahoo Deutschland ließ im Juni 2008 in seiner Studie „E-Mail-Identitäten" über 1.000 Personen ab 18 Jahren befragen. 62 Prozent aller Befragten gaben an, dass der Name ihrer privaten E-Mail-Adresse für sie eine große Bedeutung hat und als Ausdruck der Persönlichkeit gilt. Dennoch: Ich empfehle, solche Adressen, wenn überhaupt, auf die private E-Mail-Kommunikation mit Personen zu beschränken, mit denen Sie bereits gut bekannt sind.

Das Osnabrücker Inkassounternehmen Mediafinanz hat in einer Studie[25] herausgefunden, dass die E-Mail-Adresse Rückschlüsse auf die Zahlungsmoral von Online-Einkäufern zulässt. Es wurden anhand der vom Online-Besteller verwendeten E-Mail-Adresse 360.000 offene Forderungen analysiert. Demnach nutzen Kunden, deren Rechnung nach ihrem Einkauf im Internet unbezahlt bleibt, häufig eine kostenlose E-Mail-Adresse. Da mitunter bei der Anmeldung solcher Adressen auf die wirkliche Identitätsprüfung verzichtet wird, nutzen diese Personen gern die damit einhergehende Anonymität.

Wer unsicher ist, wie in einem Unternehmen vorzugehen ist, um seine Absenderdaten festzulegen und zu ändern: Prüfen Sie in Ihrem E-Mail-Programm, welche Schritte zu gehen sind oder konsultieren Sie Ihren Administrator. Bei dem von vielen genutzten Microsoft-Produkt Outlook wählen Sie den Menüpunkt *Extras*, Kontextmenü *Optionen*, dann die Registerkarte *E-Mail-Übertragung*. Legen Sie nun unter *Konten* die Eigenschaften fest.

Unterlassen Sie es, die E-Mail zu einer Einbahnstraße umzufunktionieren!

Kennen Sie das auch? In Ihrem Posteingang liegt eine E-Mail, häufig handelt es sich um eine unaufgefordert zugesendete Nachricht, dessen Absender es Ihnen verwehrt, ihm zu antworten. Er drückt das entweder mit einem Satz, wie „Bitte antworten Sie nicht auf diese E-Mail" im Text aus oder Sie bemerken beim Antworten, dass die Absenderadresse nicht zum Empfang bereit steht. Wie empfinden Sie das? Ich habe in Workshops von repräsentativ vielen Leuten erfahren, dass sie diese Form des Umganges miteinander als unangenehm empfinden. Ich empfehle Ihnen daher, davon Abstand zu nehmen. Darüber hinaus, und jetzt kommt wieder der Ingenieur in mir zum Vorschein, rate ich Ihnen davon ab, als Entschuldigung dafür technische Gründe aufzuführen. Die Technik stellt hier definitiv keine Hürde dar. Wenn überhaupt, liegt es an der Organisation der technischen Abläufe, und daran können Sie arbeiten.

*Die letzte Stimme, die man hört, bevor die Welt explodiert, wird die Stimme eines Experten sein, der sagt:
Das ist technisch unmöglich!*
Sir Peter Ustinov

Hier noch ein Hinweis für den Bereich Kundenbetreuung: Eine Studie[20] aus dem Jahr 2004 kommt zu dem Ergebnis, dass Antworten auf Anfragen, die an ein Kunden-Service-Zentrum gestellt werden, sei es direkt, über ein Web-Formular oder über eine Kontakt-E-Mail, beim Empfänger besser ankommen, wenn ihn die Antwort von einer personifizierten E-Mail-Absenderadresse (Vorname.Familienname@firmaxy.de) anstatt von einer allgemeinen, wie zum Beispiel service@firmaxy.de erreicht. Ob Ihre Zielgruppe das genauso sieht? Prüfen Sie es. Leiten Sie daraus die geeigneten Schlussfolgerungen ab. Berücksichtigen Sie dabei aber auch die Vorgaben des Gesetzgebers:

➢ Wer eine E-Mail-Adresse publiziert (auf Briefbögen, auf der Webseite und so weiter), hält das Postfach dieser E-Mail-Adresse zum Empfang bereit.

- Potenzielle und Bestandskunden, Geschäftspartner und so weiter dürfen davon ausgehen, dass dieses E-Mail-Postfach regelmäßig abgerufen wird.

Das ist bei einer zentralen E-Mail-Adresse wie service@... oder info@... praktikabler als bei der persönlichen E-Mail-Adresse einer Person. Schließlich ist jede Person zwischenzeitlich im Urlaub, unterwegs oder (überraschend) krank. Ein guter Kompromiss ist aus meiner Sicht,

- eine einzige zentrale E-Mail-Adresse nach außen zu kommunizieren. Für diese lassen sich die rechtlichen Randbedingungen (regelmäßiger Abruf) gut einhalten.
- Für konkrete Anfragen, zur aktuellen Bestellabwicklung, für Reklamationen und ähnliches nutzt der jeweilige Bearbeiter seine persönliche E-Mail-Adresse.

Ihre E-Mail-Absenderadresse kann bei einem Empfänger jedoch auch aus anderen Gründen als den bisher genannten Unbehagen hervorrufen:

- zu lange oder zu ausschweifend verfasste E-Mails,
- schwer oder unverständlich verfasste E-Mails,
- unstrukturierte und damit schwer lesbare E-Mails,
- böse, unangemessene oder unhöfliche Formulierungen
- und so weiter.

Aus der innerbetrieblichen Kommunikation ließen sich hier unzählige Beispiele aufführen. Hier gibt es Einzelne, die sich auf diese Weise im Haus bereits „einen Namen erarbeitet" haben. Taucht deren Absenderadresse im Posteingang des Empfängers auf, löst das:

- Vorsicht!
- Achtung: Kompliziert! bis hin zu
- „hat Zeit", „kann warten" oder „muss warten"

aus; dies einfach deshalb, weil er/sie in der Kooperation wiederholt enttäuschten.

Optional: Von:

Für den Fall, dass Sie die Postfächer Dritter bearbeiten (Vertretung für einen Kollegen während seiner Abwesenheit, Zugriff und Bearbeitung der E-Mails Ihres Chefs) steht Ihnen zusätzlich die Zeile „Von" zur Verfügung. Hier erscheint die Absenderadresse des zu Vertretenden.

6.1.2. Zur Empfängeradresse: An, CC, BCC

In Zeiten der E-Mail-Flut gilt: Weniger ist mehr! Prüfen Sie daher vor dem Versand Ihrer E-Mail, inwieweit Sie den Verteiler auf ein sinnvolles Maß reduziert haben. Das gilt sowohl für die An-Zeile als auch für CC und BCC. Es kann zwar sein, dass Sie als Absender etwas mehr Zeit investieren müssen. Die Empfänger sparen hingegen ein Vielfaches an Zeit, da sie keine unnötige E-Mail erhalten und diese nicht erst lesen müssen, um zu bemerken, dass die Nachricht gelöscht werden kann. Dies ist nicht allein eine Frage des Respekts und der Höflichkeit, sondern auch eine wirtschaftliche. Bedenken Sie die erreichbare Zeitersparnis und mögliche Stressreduktion, die bei konsequenter Durchsetzung dieses Vorgehens allein innerhalb einer Organisation möglich werden.

An:

An diese Stelle gehört der Name des Empfängers. In der Geschäftskorrespondenz nach außen ist an dieser Stelle ausschließlich ein Name oder <u>eine</u> E-Mail-Adresse zu empfehlen. Senden Sie ein und dieselbe Nachricht an mehrere Empfänger, so verfahren Sie mit dieser Serien-E-Mail analog dem Serienbrief: Sie verfassen den (für alle gültigen) Text nur einmal, die für den Empfänger individuellen Merkmale (Name, E-Mail-Adresse, Anrede) jedoch werden je E-Mail automatisch eingesetzt. Dazu wählen Sie entweder eine externe Software oder Sie prüfen, inwieweit Ihr E-Mail-Programm diese Funktionalität bietet und diese sich für Ihren Zweck eignet. Lotus Notes bietet eine Serien-E-Mail-Funktion. Die Adressdaten stammen aus einer Datenbank. Outlook bietet ebenfalls eine Serien-E-Mail-Funktion. Bei der Microsoft-Lösung wird jedoch auf Adressen zugegriffen, die unter Kontakte gespeichert werden. Welches Risiko im Fall einer Virusinfektion damit einhergeht, wurde im Kapitel 5.4.4. bereits beschrieben. Welche externe Software für Sie und Ihre Anwendung am besten geeignet ist, hängt von einer ganzen Reihe von Faktoren ab. Dazu zählen neben der Anzahl und der Frequenz der zu versendenden Serien-E-Mails auch die technische Ausstattung in der eigenen Organisation, die Qualifikation und das Tätigkeitsprofil der mit dem Versand betrauten Mitarbeiter. Letztlich sind auch rechtliche Fragen, wie solche zum Datenschutz zu berücksichtigen. Holen Sie bei Bedarf (gern auch unseren) Rat ein, welche Lösung Sie am besten unterstützt.

Was passieren kann, wenn Sie alternativ zur vorgeschlagenen Lösung alle Empfänger als Adresskette in die An-Zeile setzen, verdeutlicht folgendes authentisches Beispiel:

Ein Unternehmen sendet eine Einladung zu einer Veranstaltung an rund dreihundert Empfänger. Alle werden als Adresskette in den Kopf der E-Mail gesetzt. Die E-Mail enthält eine pdf-Anlage. Die Empfänger erhalten diese E-Mail. Sie geht bei ihnen jedoch häufiger als nur einmal ein: Alle 30 Minuten kommt dieselbe Nachricht inklusive der Anlage. Die Telefone beim Absender laufen heiß. Am nächsten Tag verschickt der Absender folgende Entschuldigungs-E-Mail.

Sehr geehrte Damen und Herren,

bitte verzweifeln Sie nicht bezüglich der Mehrfachversendung dieser Mail. Wir haben bereits hier im Haus unseren Server bzw. unsere PC´s hinsichtlich eventueller technischer Fehler sowie auf Viren überprüft. Beides liegt nicht vor. Unsere IT-Spezialisten gehen davon aus, dass die Ursache - definitiv virusbedingt - bei einem der zahlreichen E-Mail-Empfänger dieser Einladung liegt. Diese Einladung wurde an 300 verschiedene Adressaten verschickt, so dass der "Übeltäter", welcher in etwa halbstündigem Takt die Neuversendung dieser Mail bewirkt, eher schwierig herauszufiltern ist. Wir würden Sie deshalb im eigenen Interesse bitten, Ihre entsprechende Software auf Virussuche zu schicken, für den Fall, dass sich bei Ihnen (ob im Voraus oder durch dieses Mail-Bombardement) bereits ein solcher eingenistet hat.

Trotzdem vielen Dank für Ihren Hinweis. Ihnen einen stressfreien Wochenausgang und

freundliche Grüße,

Name und Signatur

Was war passiert? Einer der dreihundert Empfänger hatte einen virusinfizierten PC. Für ein Virus sind Adressketten ein gefundenes Fressen, um damit Unsinn anzustellen.

Hätte der Absender diese Einladung als Serien-E-Mail verfasst, hätten zehn, zwanzig oder sogar mehr der Empfänger-PCs virusinfiziert sein können, es wäre trotzdem unmöglich gewesen, eine solche E-Mail-Flut auszulösen. Inwieweit ist es also gerechtfertigt, den virusinfizierten Empfänger als Übeltäter zu betiteln?

Beachten Sie: Dies trifft für E-Mails zu, die über das Internet versendet werden. Für die unternehmensinterne Kommunikation im eigenen Netz ist dies weniger relevant. Das trifft genauso für den nun folgenden Aspekt zu.

Bedenken Sie bei Adressketten darüber hinaus:

- ➢ Wie empfindet es der Empfänger, anstatt individuell als einer von vielen angesprochen zu werden?
- ➢ Ist es von Ihnen als Absender tatsächlich gewollt, dass jeder Empfänger sieht, wen Sie angeschrieben haben?
- ➢ Sind Sie sicher, dass die in der Liste aufgeführten Personen damit einverstanden sind, dass Sie ihre E-Mail-

Adresse Dritten gegenüber publizieren? Schließlich existieren Richtlinien zum Datenschutz.

> Ist Ihnen bewusst, dass Sie mit solchen Adressketten SPAMmern in die Hände spielen? Adressketten lassen sich auf ihrem Weg über das Internet einsammeln und Adresslisten beifügen, die Adressanbieter dann für Marketingzwecke verkaufen. Immer mehr Unternehmen schützen daher ihre E-Mail-Adresse auch im Impressum der Webseite durch geeignete Maßnahmen vor einem derartigen Zugriff von sogenannten „Sammlern". Wer dies tut, hat seine Gründe. Wie wird es wohl bei Ihrem Kunden oder Geschäftspartner ankommen, wenn Sie die von ihm sorgfältig geschützten Daten freizügig publizieren?

Geht es darum, innerhalb des eigenen Unternehmens ein und dieselbe Nachricht an mehrere Empfänger, also an Mitarbeiter, Kollegen und so weiter, zu versenden, so sind Adressketten beim Versand über das Intranet unkritisch. Versenden Sie die Nachricht über das Internet, bleibt das Risiko, das die E-Mail-Adressen von SPAMmern missbraucht werden, bestehen.

Übrigens: Es nutzt auch nichts, nur eine Adresse in die „An:"-Position zu setzen und all die anderen in „CC" (CC = Carbon Copy = Kohle(papier)kopie), denn es treten dieselben Nachteile, wie soeben beschrieben, auf.

Auch ein Ausweichen in die „BCC:"-Funktion greift zu kurz, zumindest, wenn Sie Outlook nutzen, da diese für den Empfänger unsichtbar ist. Nähere Erläuterungen zu CC und BCC folgen.

WEBGOLD Praxistipp: Setzen Sie den/die Empfänger erst ein, nachdem Ihre E-Mail fertig verfasst und von Ihnen kontrolliert wurde. Sie vermeiden damit, dass die E-Mail versehentlich fehlerhaft abgeschickt wird. Indem Sie erst nach der Prüfung auf Korrektheit, Vollständigkeit, Stil und

Struktur Ihre E-Mail „scharf schalten", können zum Arbeitsalltag gehörende Unterbrechungen und Störungen Ihrer E-Mail nichts anhaben.

CC: Die Kohle(papier)kopie

Wer als ein Empfänger in CC gesetzt wird, erhält diese E-Mail zur Information. Er wird über einen Vorgang auf dem Laufenden gehalten, ohne jedoch selbst aktiv werden zu müssen. Die E-Mail sollte frei von jeglicher Handlungsaufforderung für ihn sein. Ansonsten gehört seine Adresse in die An-Position. Ich empfehle Ihnen, dies sowohl als Absender als auch als Empfänger zu beachten. Diese Regel tangiert weniger den E-Mail-Knigge als das E-Mail-Management zur Bewältigung der E-Mail-Flut. Sie hat sich, nach meiner Erfahrung, bereits seit Jahren in der Praxis bewährt und wird zunehmend angewendet. Eine Ausnahme gilt dann, wenn die unternehmensinterne E-Mail-Policy anders lautet.

Wer sollte in CC gesetzt werden? Hier stellen Ihr „gesunder Menschenverstand" und der Anspruch, respektvoll mit anderen umzugehen, gute Orientierungshilfen dar:

- Entscheiden Sie so, dass Konflikten vorgebeugt wird.
- Vermeiden Sie, vertrauliche Inhalte Dritten zugänglich zu machen.
- Prüfen Sie vor dem Versand, ob Sie verhindert haben, dass eine Person sich persönlich verletzt oder bloßgestellt fühlt.
- Beherzigen Sie Regeln aus der klassischen zwischenmenschlichen Kommunikation, wie zum Beispiel: Loben vor allen, tadeln stets allein. Wie wird sich der Kollege wohl fühlen, wenn Sie ihn in einer E-Mail zu seiner guten Leistung beglückwünschen und andere Kollegen oder den Vorgesetzten in CC gesetzt haben? Wie dage-

gen sieht es aus, wenn Sie in einer E-Mail auf einen ihm versehentlich unterlaufenen Fehler eingehen?
- ➢ CC schafft eine vollständige Transparenz über den Empfängerkreis. Ist dieser aber auch für die Empfänger plausibel? Prüfen Sie das und gehen Sie bei Bedarf im Textkörper darauf ein.
- ➢ Sollten Sie dennoch unsicher sein oder befürchten, dass es Sie zu viel Zeit kosten wird, zu entscheiden, wer alles in CC: zu setzen ist und wer nicht, prüfen Sie, ob demnächst ein gemeinsamer Termin, wie zum Beispiel ein Meeting, ohnehin alle potenziellen Adressaten zusammenführt und ob Ihr Anliegen noch so lange warten kann. Wenn ja, sprechen Sie das Thema bei der nächsten Zusammenkunft an.

BCC: Der unsichtbare Durchschlag

Stehen Sie als Empfänger im BCC, so will der Absender Sie auf dem Laufenden halten. Im Gegensatz zu der CC-Zeile verzichtet der Absender jedoch auf die unter CC beschriebene Transparenz des Empfängerkreises. Die BCC-Empfänger bleiben für die Empfänger unsichtbar. Eine Ausnahme, auf die auf der nächsten Seite eingegangen wird, besteht für Anwender von Lotus Notes, dies jedoch nur unter bestimmten Voraussetzungen und ausschließlich in der innerbetrieblichen Kommunikation. Ich empfehle Ihnen, BCC sparsam einzusetzen. Es gibt Unternehmen, die in ihrer E-Mail-Policy untersagen, die BCC-Zeile zu nutzen. Schließlich lauern so manche Fallstricke:

- ➢ In der Geschäftskorrespondenz nach außen: Stellen wir uns vor, Sie senden einem Vertragspartner Vertragsunterlagen zu. In BCC setzen Sie, ohne dass Ihr Vertragspartner davon weiß, einen Dritten. Das kann zu Rechtskonflikten führen. Setzen Sie dagegen Ihren Vorgesetzten in BCC, um ihn zu informieren, ist das rechtlich weniger kritisch und kann praktikabel sein.

Was halten Sie dennoch davon, sich mit dem Vertragspartner über das Vorgehen zu verständigen? Das stärkt das gegenseitige Vertrauen.

➢ In der Kommunikation innerhalb des Unternehmens: BCC stellt im Unternehmen ein erhebliches Gefahrenpotenzial für Konflikte dar. Wird es zum Beispiel eingesetzt, um anstatt miteinander übereinander (also über Dritte) zu kommunizieren, widerspricht das den soliden Umgangsformen. Bedenken Sie darüber hinaus: Ihre E-Mail, einmal verfasst, ist als Beleg über eine lange Zeit verfügbar und abrufbar, auch bei arbeitsrechtlichen Auseinandersetzungen. Zurückhaltung, Vorsicht und Bedacht sind bei BCC angesagt.

➢ Ist die BCC wirklich unsichtbar? Was, wenn der in BCC angeschriebene Adressat die Funktion „Allen antworten" bedient?

➢ Mitunter wird BCC für Serien-E-Mails verwendet. Ich rate davon ab. Versetzen wir uns in die Perspektive des Empfängers: Was sieht er im Kopf der E-Mail, die, wie wir im Kapitel 6.1 feststellten, analog einem Briefcouvert ist? Steht sein Name oder seine Adresse im An-Feld? Nein. Wenn Sie im Briefkasten einen Brief finden, der nicht an Sie adressiert ist, wie hoch ist die Wahrscheinlichkeit, dass Sie ihn dennoch lesen? Warum sollte dies beim Empfänger Ihrer E-Mail anders sein? Lassen Sie uns das Thema mit Beispielen verdeutlichen: In den Bildern 6.1. und 6.2. (Outlook-Screenshots) erkennen wir, wie die E-Mail bei einem in BCC gesetzten Empfänger aussieht. In beiden Fällen bin ich der Absender. In Bild 6.1. habe ich die An-Zeile frei gelassen, eine zentrale E-Mail-Adresse meines Unternehmens in CC gesetzt und den (hier unsichtbaren) Empfänger in BCC. In Bild 6.2 habe ich meine eigene E-Mail-Adresse in die An-Position gesetzt, den (hier unsichtbaren) Empfänger in BCC. Gegenüber Outlook-Anwendern können Nutzer von Lotus-Notes die BCC-Zeile in der empfangenen E-Mail sichtbar machen, ohne jedoch alle BCC-Empfänger zu sehen. Unter bestimmten Bedingungen sehen sie ihre eigene Adresse (ausschließlich diese) dort stehen, wenn sie selbst als Empfänger in BCC gesetzt wurden. Anwendern von

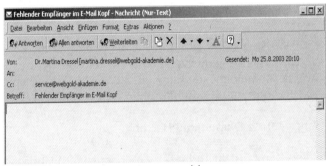

Outlook bleibt diese Option verschlossen.

Bild 6.1.: In dieser Nachricht fehlt die Empfängeradresse unter „An:" komplett.

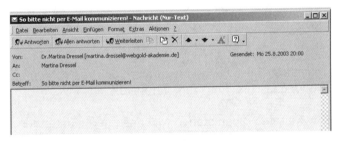

Bild 6.2.: Schreibt hier jemand an sich selbst?

E-Mails wie diese beiden, scheitern in der Geschäftskorrespondenz nach außen immer häufiger daran, ihren Empfänger überhaupt zu erreichen. Warum? Um die E-Mail-Flut zu dämmen, stellen immer mehr Firmen oder Organisationen ausschließlich solche E-Mails zu, die im „An"-Feld eine, in ihrer Organisation gültige E-Mail Adresse ausweisen. In diesem Kriterium versagen die unter Bild 6.1 und Bild 6.2 dargestellten Beispiele.

Wie groß die Verwirrung in Sachen BCC ist, zeigt folgendes Beispiel. Um zu vermeiden, die Absenderin bloßzustellen, deren Korrespondenz insgesamt höflich gehalten ist, nenne ich sie Susi. Den Empfänger nenne ich Dr. Mustermann.

Von: Susi@...
An: Adresskette inklusive Adresse Dr. Mustermann
Betreff: Anmeldebestätigung zur Vorstellung des Deutschen ABC-Reports 200X in Berlin

Sehr geehrte Damen und Herren,

vielen Dank für Ihr Interesse an unserer Veranstaltung zur Vorstellung des Deutschen ABC-Reports 200X,

am Dienstag, 14. Juni 200X
ab 16.00 Uhr, Registrierung ab 15:30 Uhr
in Berlin, Max-Planck-Gesellschaft, Tagungsstätte Harnack-Haus, Ihnestraße 16-20

Gerne bestätigen wir Ihre Anmeldung und übersenden Ihnen anbei das genaue Programm der Veranstaltung sowie die Wegbeschreibung zum Veranstaltungsort.

Für weitere Fragen stehen wir Ihnen gerne unter der Durchwahl 0...-.....zur Verfügung.

Mit freundlichen Grüßen

Susi ...
Signatur

Von: Dr. Mustermann
An: Susi@...
Betreff: Re: Anmeldebestätigung zur Vorstellung des Deutschen ABC-Reports 2008 in Berlin

Sehr verehrte Frau ...,

ich bin mit der Veröffentlichung meiner E-Mail Adresse an Dritte in Form Ihres E-Mail-Verteilers nicht einverstanden. Bitte nutzen Sie doch ein Serien-Mail-Programm.

Mit besten Grüßen
Ihr Dr. Mustermann
Signatur

Von: Susi@...
An: mustermann@
Betreff: Anmeldebestätigung zur Vorstellung des Deutschen ABC-Reports 200X in Berlin

Sehr geehrter Herr Dr. Mustermann,

ich bitte Sie um Entschuldigung. Normalerweise versende ich E-Mail dieser Art als Blindkopie.
Leider ist mir in diesem Fall ein Fehler unterlaufen und ich bin in die falsche Zeile gerrutscht.

Ich kann Ihr Missfallen sehr gut verstehen, da ich selbst von ungewünschten E-Mail "bombardiert" werde.

Mit freundlichen Grüßen

Susi ...
Signatur

Die letzten beiden E-Mails wären unnötig geworden, wäre die erste E-Mail als Serien-E-Mail versendet worden. Vermutlich unter Zeitdruck verfasst, schlichen sich in die dritte E-Mail auch noch Rechtschreibfehler (E-Mail<u>s</u>, ge<u>r</u>utscht) ein. Die Lehre daraus lautet: Etwas mehr investierte Zeit vor dem Versand bewahrt uns vor zeitraubender Korrektur hinterher.

Es gibt neben den dargestellten Beispielen noch weitere Varianten, um bei Serien-Mails von dem Vorgehen abzuweichen, das bei Serien-Briefen seit langem üblich ist und sich bewährt hat. So werden alle Empfängeradressen in einer sogenannten Gruppe zusammengefasst, die dann beim Empfänger in der „An:"-Zeile solch unpersonalisierte Begriffe wie „unsichtbare Empfänger", „undisclosed recipient", „Jedermann", und so weiter erscheinen lassen. Für die Kommunikation innerhalb des eigenen Hauses oder innerhalb der Projektgruppe mag dies durchaus ein Weg sein, nicht jedoch in der Geschäftskorrespondenz nach außen. So zeigte uns einer unserer Auftraggeber eine E-Mail, die ihn erreichte mit der Gruppenbezeichnung „B-Kunden" in der An-Zeile. Ob beim Empfänger der Gruppenname oder alle im Gruppennamen aufgeschlüsselten Einzeladressen zur Ansicht kommen, ist dem Absender im Allgemeinen unbekannt. Das nämlich hängt davon ab, welche Einstellung der Administrator des Empfängers vorgenommen hat. Ein Workshopteilnehmer wurde sichtbar blass, als wir diese Frage beleuchteten. Allein aufgrund der Tatsache, dass für ihn als Empfänger an seinem Arbeitsplatz nie Gruppennamen, sondern stets die Einzeladressen der Gruppenmitglieder sichtbar waren, hatte er sich hinreißen lassen, einer (VIP)-Gruppe von Personen an einem anderen Unternehmensstandort einen Gruppennamen zu geben, der ihm, wenn er für die Empfänger sichtbar würde, Ärger bescheren konnte.

6.1.3. Die Betreff-Zeile

Nehmen wir an, Sie haben die bisher beschriebenen Hürden gut gemeistert. Die E-Mail ist auf dem Bildschirm des Empfängers angekommen. Die Betreff-Zeile zählt zu den ersten Dingen, die er liest und wahrnimmt. Hier entscheidet der Empfänger, meist ohne den Inhalt der E-Mail überhaupt zu kennen, darüber, wie er mit dieser Nachricht weiter verfährt:

- Lesen (sofort oder irgendwann einmal)
- Bearbeiten (sofort oder irgendwann einmal)
- Ignorieren
- Löschen

sind hier mögliche Alternativen. Nutzen Sie den Betreff als Türöffner! Wie das funktioniert, hängt stark von dem Zweck der E-Mail und dem jeweiligen Adressaten ab. So unterscheiden sich bestimmte Empfehlungen, die für die Kommunikation im eigenen Haus gelten, von denen im Bereich Öffentlichkeitsarbeit, Marketing und Vertrieb. Dazu ein schlechtes Beispiel für eine Pressemeldung:

Von: Presse
An: eine Tageszeitung
Betreff: Heutige Pressemitteilung

<<Pressemitteilung 20.07.2005.pdf>>
Sehr geehrte Damen und Herren,

in der Anlage erhalten Sie die heutige Pressemitteilung der Bundesanstalt für Finanzdienstleistungsaufsicht.

<<Pressemitteilung 20.07.2005.pdf>>
Mit freundlichen Grüßen

Bundesanstalt für Finanzdienstleistungsaufsicht
Stabsstelle Presse- und Öffentlichkeitsarbeit

Georg-von-Boeselager-Straße 25
53117 Bonn
Fon: +49[0]228 4108-...
Fax: +49[0]228 4108-...

Anlage dieser E-Mail war die im Text erwähnte pdf-Datei. Versetzen wir uns in die Perspektive des Empfängers. Er ist Journalist. Wie viele Pressemitteilungen erreichen einen Journalisten täglich? Auf welcher Basis entscheidet er, welche der Pressemeldungen er publiziert oder zumindest in die engere Wahl einschließt und welche er negiert oder löscht? Das Thema ist ein Kriterium, das WIE der Aufbereitung ein weiteres. Wie viel Zeit steht ihm zur Verfügung, diese Entscheidung zu treffen? Wenig.
Versetzen wir uns nun in die Perspektive des Absenders. Was strebt er mit der Pressemeldung an? Das Ziel ist es, dass diese publiziert wird. Wäre es da nicht sinnvoll, dem Journalisten die Hürde, zu verstehen, worum es in der Pressemeldung geht, so niedrig wie möglich zu legen? Die Chance blieb hier ungenutzt. Schon in der Betreff-Zeile könnte das Thema erwähnt und im Text näher erläutert werden. Erwartet dieser Absender ernsthaft, dass sich der unter Zeitdruck stehende Empfänger trotz einer nichtssagenden Betreff-Zeile dennoch die Zeit nimmt,

➢ die E-Mail zu öffnen, um dann festzustellen, dass der Inhalt des Textkörpers ebenfalls nichtssagend ist und anschließend auch noch
➢ eine pdf-Datei zu öffnen und zu lesen,

um erst nach diesem mehrstufigen und zeitraubenden Prozess entscheiden zu können, wie zu verfahren ist? Es fällt mir schwer, das zu glauben.

Widmen wir uns nun der Projektbearbeitung, bei der es kurz und knapp um das Wesentliche geht und es von Vorteil ist, den Arbeitsfortschritt zu reflektieren. Dazu folgendes Beispiel:

Projektnr. 8899: Erbitte Ressourcenfreigabe

Projektnr. 8899: Verifizierung für Ressourcenfreigabe nötig

Projektnr. 8899: Verifizierung erfolgt

Projektnr. 8899: Ressourcenfreigabe erfolgt

Ihr Ziel als Absender besteht darin, den Empfänger für Ihre Nachricht zu interessieren und ihn zu motivieren, diese zügig und adäquat in seine Arbeitsabläufe einzuordnen. Vermitteln Sie daher bereits in der Betreff-Zeile, kurz und prägnant, worum es geht. So ist

Einladung nach Berlin am 30. Juli ab 16 Uhr

aussagefähiger als nur

Einladung.

Bevorzugen Sie Konkretes gegenüber allgemeinen Begriffen wie

- Anfrage
- Meeting
- Super Nachrichten
- Sollten Sie lesen
- Unterlagen.

Beugen Sie dabei Irritationen und Enttäuschungen vor:

Betreff: Prämienzahlung

Anrede...

Aufgrund ... fällt eine Prämienzahlung in diesem Jahr aus.

....

Von: einem Kollegen
An: Alle (an allen Standorten unseres Unternehmens)
Betreff: Wichtiger Suchaufruf!!!

Liebe Kolleginnen und Kollegen,

beim gestrigen Meeting habe ich meinen Kugelschreiber (ausführliche Beschreibung des Kugelschreibers....)
im Veranstaltungsraum (Raum 123 in unserer Filiale in Kassel)
liegen gelassen. Wer hat ihn gefunden???

Der ehrliche Finder wird gebeten, ihn mir zuzusenden....

....

Von: (unbekannte) Firma XY
An: meine Firma
Betreff: Anfrage

Anrede...

wir wollten anfragen, ob Sie an Adressen aus den Branchen A, B, C... interessiert sind. Sie können diese bei uns kaufen.....

....

Präzise zu formulieren hilft, Missverständnisse und Zeitverluste zu vermeiden oder zumindest spürbar zu reduzieren. Es kann dem Absender zudem helfen, sich über den Zweck, den seine E-Mail erfüllen soll, im Klaren zu werden.

Unterlassen Sie es, Betreff-Zeilen wie

Achtung Virus!!!

zu verfassen. Viruswarnungen im Betreff wurden zu oft missbraucht. Immer mehr Unternehmen weisen ihre Mitarbeiter daher an, diese aus Sicherheitsgründen im Posteingang sofort zu löschen.

Wie lang sollte die Betreff-Zeile sein? Diese Frage wird mir häufig in Workshops gestellt. Oft äußern sich die Fragenden gleich selbst zu ihren eigenen Vorlieben (als Empfänger), die von „möglichst kurz" bis „kann auch lang sein, Hauptsache verständlich" reichen. Entscheiden Sie aus der Perspektive des Empfängers. Ruft dieser E-Mails häufig über seinen Black Berry ab, ist Kürze gefragt. Ist Ihnen die Empfängerposition unbekannt, sind Sie mit einer kurzen Betreff-Zeile auf der sicheren Seite.

Ist die Betreff-Zeile allein ausreichend?

Hat Sie schon einmal eine E-Mail erreicht, in der ausschließlich die Betreff-Zeile einen Text enthielt?
Wie haben Sie das empfunden?
Wie sind Sie damit umgegangen?
In Projektteams und für die innerbetriebliche Kommunikation ist das eine Variante, die, solange der Empfänger es akzeptiert, helfen kann, Zeit zu sparen. Auch wenn diese Frage stärker dem E-Mail-Management als dem E-Mail-Knigge zuzuordnen ist, soll sie dennoch hier angesprochen werden. Wie oft gibt es kurze Antwort-E-Mails, für die der Platz in der Betreff-Zeile völlig ausreicht, da der Empfänger bereits nach dem Lesen der Absenderadresse und der ersten Worte im Betreff zweifelsfrei erkennt, worum es geht. Er spart sich also die Zeit, die E-Mail zu öffnen und erneut einen Text zu demselben Inhalt lesen. Zwei mögliche Beispiele:

Unterlagen XY gut lesbar angekommen. Danke. M. –Ende–

Ina, stimme Deiner Änderung P2.11 zu. Gruß M. –Ende–

Das „–Ende-" zum Schluss ist wichtig. Schließlich ist es der Hinweis des Absenders darauf, dass er seine E-Mail hier abschließt. International wird dafür „eom" (end of message) verwendet. Nutzen Sie „eom" nur dann, wenn Sie sicher sein können, dass der Adressat diese Abkürzung versteht.

Standardisierte Betreff-Zeilen

Auch dieses Thema ist primär eines aus dem Bereich E-Mail-Management. Es betrifft in erster Linie die E-Mail-Kommunikation innerhalb eines Unternehmens und in Projektteams. Da ein wesentliches Ziel des E-Mail-Knigge darin besteht, zu vermeiden, dem Adressaten wertvolle Zeit zu rauben, lassen Sie uns dieser Frage jetzt und hier nachgehen. Ein Betreff, welcher einem Vorgang oder Projekt eindeutig zugeordnet werden kann, ist nicht allein für die Bearbeitung des Posteinganges wichtig, sondern unterstützt darüber hinaus die Ablage und das Wiederfinden einmal abgelegter E-Mails ganz wesentlich. Das betrifft sowohl die Absenderseite als auch die Seite des Empfängers. Unternehmen gehen daher zunehmend dazu über, im Rahmen ihrer hausinternen E-Mail-Spielregeln standardisierte Betreff-Zeilen für spezifische Anwendungen zu definieren und im E-Mail-Alltag zu verwenden.

ZurErled_bis_Datum

ToDo_Datum

Bestellnummer_Lieferant_Aktion

Projekt_Baugruppe_Anfrage

Kundennummer_Land_Projektnummer

sind wenige Beispiele aus vielen.

Inwieweit eine Personalisierung bereits im Betreff von Nutzen sein kann, wie zum Beispiel

Frau Schulz, Ihre Vortragsfolien für den 20. Juli 09.

sollten Sie von Fall zu Fall prüfen.

Zu ergänzen wäre noch, dass die Betreff-Zeile inzwischen nicht erst am Arbeitsplatz des Empfängers selbst zum Kriterium wird, ob die E-Mail gelöscht wird oder nicht. Da die Betreff-Zeilen von SPAM-E-Mails, aber auch von solchen E-Mails, die dem Einschleusen von Trojanern oder anderen Schädlingen dienen, bestimmten Mustern folgen, auf die wir hier nicht näher eingehen, können SPAM-Filter diese Merkmale ebenfalls nutzen, um gefährliche und überflüssige E-Mails auszusortieren.

WEB GOLD Praxistipp: Je konkreter der Absender die Betreff-Zeile formuliert und je plausibler sie dem Empfänger verdeutlicht, welchen Zweck der E-Mail-Absender verfolgt, beziehungsweise worum es in der E-Mail geht, desto geringer wird die Gefahr, dass diese E-Mail versehentlich gelöscht wird. Sie als Absender haben es in der Hand, über die Betreff-Zeile Vertrauen zu schaffen oder es zu verspielen. Ein Absender jedoch, der in Zeiten der Informationsflut und des massenhaften Missbrauchs von E-Mails diesen Umstand unberücksichtigt lässt, sollte wissen, dass er mit diesem Verhalten, insbesondere in der Korrespondenz nach außen, riskiert, dass seine E-Mail auf der Empfängerseite bereits missverstanden wird, bevor sie überhaupt am Arbeitsplatz des Adressaten zugestellt oder von ihm geöffnet wird. Es ist fast so, als würden Sie mit einem Nylonstrumpf über den Kopf an einen Bankschalter treten und sich darüber wundern, dass andere Sie für einen Bankräuber halten.

WG, AW oder Neu?

Weiterleiten von E-Mails

Diese Funktion ist gut geeignet, um Aufgaben zu delegieren. Achten Sie dabei jedoch darauf, dass derjenige, an den delegiert wird, auch leicht versteht, worum es geht und was er tun soll. Wie oft höre ich, primär in der innerbetrieblichen Kommunikation, von kommentarlos weitergeleiteten E-Mails, die beim Empfänger ein irritiertes Achselzucken auslösen und ihn unnötig Zeit kosten.
Die Funktion Weiterleiten dagegen zu nutzen, um

➢ unbeteiligte Kollegen oder sogar Vorgesetzte über aktuelle Konflikte im Haus, die (leider) per E-Mail ausgetragen werden, auf dem Laufenden zu halten oder
➢ Dritte außerhalb des Unternehmens über Interna zu informieren,

widerspricht einem fairen und loyalen Umgang miteinander.

Antworten auf eingehende E-Mails

Entscheiden Sie zunächst zwischen „AW" (= Antworten) und „Neu". Beide Varianten besitzen jeweils Vor- und Nachteile. So kann den Vorteilen der als „AW" verfassten E-Mail, nämlich

➢ den Vorgang bereits aufgrund der Betreff-Zeile wiederzuerkennen,
➢ den Vorgang in seiner gesamten Abfolge darzustellen,

der Nachteil der Länge gegenüber stehen. Das wurde bereits im Kapitel 5.4.3. thematisiert. Fällt die Antwort-E-Mail jedoch kurz aus, prüfen Sie, inwieweit Sie in Ihrem E-Mail-Programm verfügbare Zitierregeln nutzen können, um dem Empfänger die Lesbarkeit und Verständlichkeit zu vereinfachen. Verwenden Sie die Funktion „Allen antworten" sparsam und mit Bedacht.

6.2. Der Textkörper

Glückwunsch! Der Empfänger ist an Ihrer E-Mail interessiert. Er hat sie geöffnet. Vermeiden Sie jetzt, ihn zu enttäuschen! Gute oder einfache Lesbarkeit ist dabei ein wesentliches Kriterium.

*Es ist Lesen,
mit dem die Welt einen erheblichen Teil Ihrer Arbeit bewältigt...
Schon die kleinste Verbesserung,
sei es auf der Seite oder in der Art, wie gelesen wird,
leistet der Menschheit einen bedeutenden Dienst.*
E.B. Huey[21]

6.2.1. Textformat oder HTML?

Es gibt zwei Formate für E-Mails: Den reinen Text im sogenannten ASCII-Format einerseits, andererseits das HTML-Format.

HTML-E-Mail

Dabei handelt es sich um Nachrichten, die nach den gleichen Regeln wie eine Web-Seite formatiert sind. Sie erlauben einerseits

- ➢ das Formatieren eines Textes (zum Beispiel verschiedene Farben und Schriftarten, die wiederum **fett**, *kursiv* oder <u>unterstrichen</u> geschrieben werden können) und andererseits
- ➢ die Einbindung von Tabellen und Grafiken, wie zum Beispiel Logos, Fotos, Banner und so weiter sowie
- ➢ die Verwendung von Hintergrundbildern, auch Briefpapier genannt, mit denen man zum Beispiel seine CI in der E-Mail gestalten kann.

Zweifellos wirkt die Optik einer stilvoll gestalteten und nicht überfrachteten HTML-E-Mail ansprechender als die einer Text-E-Mail. Innerhalb eines Unternehmens mit HTML-E-Mails zu arbeiten, ist weit unkomplizierter als in der Kommunikation nach außen. Da im allgemeinen alle Mitarbeiter im Unternehmen auf ein identisches E-Mail-Programm und Übertragungsprotokoll zugreifen, entfällt die im Folgenden beschriebene Hürde, dass HTML-E-Mails beim Empfänger anders als beim Absender aussehen. Insofern kann es für Unternehmen oder Mitarbeiter, die vorrangig innerbetrieblich kommunizieren, so auch innerhalb von Projektteams, durchaus sinnvoll sein, mit HTML-E-Mails zu arbeiten und deren Funktionsvielfalt zu nutzen. Der Vielfalt steht jedoch der höhere Speicherplatzbedarf von HTML-E-Mails gegenüber. Hier gilt es, abzuwägen und zu optimieren.

Wie Sie sehen, sind wir bereits bei den Nachteilen, die primär der Empfänger spürt. Daher empfehle ich, HTML-E-Mails in der Kommunikation nach außen überlegt einzusetzen und, falls möglich, die Präferenzen des Adressaten zu berücksichtigen.

➢ HTML-E-Mails sind vom Datenumfang um mindestens eine Zehnerpotenz größer als vergleichbare, im Standard-ASCII-Format erstellte, E-Mails. Während Text-E-Mails circa 3 – 4 Kilobyte Speicherplatz benötigen, kann das bei HTML-E-Mails – insbesondere wenn unüberlegt (viel zu) große Grafiken eingefügt wurden - bis in den Megabyte-Bereich gehen. Dieser Nachteil trifft sowohl den Absender als auch den Empfänger und zwar:

- Beim Versand beziehungsweise beim Abruf: Beides dauert einfach länger.

- Bei der E-Mail-Archivierung: Handelt es sich um geschäftsrelevante E-Mails, schreibt der Gesetzgeber eine revisionssichere Archivierung von bis zu zehn Jahren vor. Zur Verdeutlichung folgt ein Rechenbeispiel: Eine HTML-E-Mail von 300 bis 400 Kilobyte belegt allein den Speicherplatz, auf dem 100 (!) Text-E-Mails Platz finden. Welche Variante werden Ihre Kunden oder Geschäftspartner und Sie selbst im Unternehmensinteresse bevorzugen?

- Je aufwendiger oder „verspielter" die in den Nachrichten enthaltenen Grafiken sind, desto größer werden die E-Mails. Es gibt auch Absender, die, um sich selbst das Mitsenden der Bilder zu ersparen, von dem Empfänger erwarten, diese aus dem Internet zu laden. Der Absender umgeht beim Versand den im ersten Anstrich genannten Nachteil. Beim Empfänger jedoch baut sich, im Allgemeinen unaufgefordert und vom Laien meist unbemerkt, eine Internetverbindung auf (unnötige Kosten!), damit die Bilder des Absenders für ihn auch sichtbar werden. Unternehmen blockieren diese Funktionalität zunehmend, um die Risiken gefährlicher Phishing-E-Mails, die genau dieses Prinzip für ihre heimtückischen Zwecke nutzen, zu bannen. Erreicht Ihre HTML-E-Mail einen Empfänger, der das Nachladen von Bildern aus dem Internet geblockt hat, ist der im folgenden Anstrich beschriebene Fauxpas vorprogrammiert.
- HTML-E-Mails sehen beim Empfänger mitunter ganz anders als noch beim Absender aus. Sie kommen „verkrüppelt" bis hin zur Unleserlichkeit an, weil
  - entweder das vom Empfänger genutzte E-Mail-Programm andere Formatierungsbedingungen nutzt als die empfangene E-Mail es erfordert oder weil
  - den Mitarbeitern des Empfängerunternehmens aus Sicherheitsgründen die Möglichkeit versagt wird, HTML-E-Mails zu lesen. Da kaum zu erwarten ist, dass jeder Mitarbeiter mit einem E-Mail-Postfach die hinterhältigen Gefahren von HTML-E-Mails kennt und im Alltag beherzigt, gestattet man ihm ausschließlich, E-Mails im Text-Format zu lesen.

Damit werden Sicherheitsrisiken verringert. Beim Konvertieren von HTML zu Text allerdings können Optik und Lesbarkeit massiv leiden.

Hier zeigt sich erneut, wie wichtig es für den Versender ist, bereits beim Verfassen der E-Mail die Empfängerperspektive einzunehmen. Dazu eine Geschichte: Einige Wochen nach einem Workshop für Marketingverantwortliche aus der Touristikbranche rief mich die Inhaberin eines Landhotels an. Sie lobte den Workshop und berichtete mir, wie nützlich er für sie war. „Nur eines", so fuhr Sie fort „sah ich kritisch: Mit der HTML-E-Mail sind Sie ziemlich hart ins Gericht gegangen. Ihren Rat jedoch, selbst zu prüfen, wie eigene E-Mails auf dem Empfänger-Bildschirm aussehen, habe ich befolgt. Unseren, gemeinsam mit einem Grafiker entworfenen, Newsletter habe ich mir bei meinen A-Kunden, das sind die Kunden, welche die meisten Übernachtungen und Tagungen bei uns buchen, angesehen. Unfassbar: 100% Krüppel. Nun bin ich geheilt."

> Solche E-Mails sind risikobehaftet. Sie können schädliche Programmroutinen enthalten, die in der Lage sind, Festplatteninhalte zu verändern oder auszuspionieren.

> Anhand solcher E-Mails kann der Absender weit mehr über Sie als Empfänger erfahren, als Ihnen lieb ist. Dies geschieht ohne einen einzigen Hinweis darauf, das heißt, es ist höchst unwahrscheinlich, dass ein „Normalverbraucher" überhaupt wahrnimmt, was da gerade passiert, geschweige denn den Vorgang durchschaut. So lassen sich, durch sogenannte Mailbugs, ausführliche Profile (IP-Adresse, dazugehörige E-Mail-Adresse, PC-Ausstattung) von Internetnutzern erstellen. Mit der Anonymität ist es vorbei, verkennt man Schnüffel-E-Mails. Man kann sie häufig daran erkennen, dass Grafiken erst verzögert sichtbar werden, da sie aus dem Internet nachgeladen werden. Wir haben diese Gefahr in diesem Kapitel bereits angesprochen.

Schnüffel-E-Mails lassen sich unschädlich machen, indem man im E-Mail-Programm unterbindet, dass beim Anzeigen von E-Mails Daten aus dem Internet nachgeladen werden. Bitten Sie Ihren Administrator darum, dies zu erledigen. Er wird wissen, was zu tun ist. Die Hürde besteht, entsprechend meiner Erfahrung, jedoch weit weniger in der technischen Kompetenz als vielmehr darin, Leute, die vor lauter Liebe zum attraktiven Äußeren von HTML-E-Mails blind sind für deren Risiken, zu sensibilisieren und zum Umdenken zu bewegen.

➢ Über solche E-Mails kann der Absender Ihren Schutz gegen SPAMs umgehen: Nehmen wir an, Sie haben festgelegt, E-Mails herauszufiltern, in denen bestimmte Worte vorkommen, wie zum Beispiel „Sex" oder „Viagra". Dieser Filter funktioniert bei einer E-Mail im Textformat zuverlässig. Im Fall einer HTML-E-Mail dagegen bleibt dem Absender die Möglichkeit, Ihren Filter zu umgehen. Die von Ihnen gesperrten Begriffe werden als Grafik oder innerhalb einer Grafik dargestellt. Ihr SPAM-Schutz versagt in diesem Fall.

Text-E-Mail

Rein optisch ist sie, neben der HTML-E-Mail, sicher auf den ersten Blick das „Aschenputtel", aber:

➢ Text-E-Mails sind sicher: Kein Sicherheitsrisiko!
➢ Kein Ausspionieren!
➢ E-Mails im Text-Format können keine ausführbaren Programme, keine Javascripte oder ähnliches beinhalten.
➢ Text-E-Mails sparen dem Empfänger Zeit und Geld! Denken Sie zum Beispiel an Dienstreisende, die ihre E-Mails unterwegs, zum Beispiel über ihren Blackberry, abrufen. Was meinen Sie, wie viel besser bei denen eine Text-E-Mail ankommt?

Fazit:

- **Setzen Sie den Fokus auf einen für den Empfänger wertvollen, nützlichen Inhalt.** Strukturieren Sie diesen übersichtlich und gut lesbar. Mir ist bisher kein Beispiel bekannt, in dem jemand allein aufgrund des Text-Formates signalisiert hat, auf wertvollen Inhalt zu verzichten.
- Solange Sie die Präferenzen Ihrer Zielgruppe nicht sicher kennen, lassen Sie den Empfänger selbst entscheiden. Bieten Sie Ihrer Zielgruppe durchaus beide Möglichkeiten an:
  - Nutzen Sie persönliche Kontakte oder Ihre Webseite, um die jeweiligen Wünsche und Ansichten Ihrer Zielgruppe zu erfahren. Teenager werden voraussichtlich ganz andere Präferenzen als vielreisende Geschäftsinhaber haben.
  - Lassen Sie zum Beispiel bei dem Abonnement Ihres Newsletters den Abonnenten wählen, ob er diesen im Text oder HTML-Format wünscht.
- Bei bestimmten Anwendungen, wie zum Beispiel Produktpräsentationen oder –demonstrationen, kann die HTML-E-Mail der Text-E-Mail hinsichtlich der Zielerfüllung deutlich überlegen sein. Ich empfehle Ihnen dennoch, diese nur zu versenden, wenn Sie tatsächlich wissen, dass Ihr Empfänger HTML-E-Mails von Ihnen akzeptiert. Falls nicht, bietet sich als Alternative eine grafisch anspruchsvoll gestaltete pdf-Datei, die entweder als Anhang an eine Text-E-Mail oder innerhalb dieser als ein Link zu einer Seite angeboten wird, auf der die pdf-Datei heruntergeladen werden kann.

Datei im pdf-Format als Anlage

- Ausgefallene Gestaltungsmöglichkeiten sind möglich.
- Eine saubere Kombination von Text und Photos ist möglich.

- Die Datei lässt sich ausdrucken, ABER: Der Vorgang ist für den Empfänger mit Aufwand verbunden. So mancher scheut diesen.
- Vorsicht auch hier mit der Dateigröße. Dieser Tage erhielt ich einen Newsletter, den ich seit etwa zwei Jahren abonniere und interessiert lese, erstmals und ohne Vorankündigung mit einer pdf-Anlage der Größe 1,66 MB. Meine Empfehlung: Sehen Sie, geehrter Leser, besser von Überraschungen dieser Art ab.

Steht das Dateiformat fest, gelten weitere Überlegungen der Strukturierung und der sprachlichen Gestaltung.

6.2.2. Struktur

Lesen an einem Bildschirm fällt schwerer als auf dem Papier.[27)] Die E-Mail gut zu strukturieren erleichtert es dem Empfänger, die Botschaft der E-Mail schneller wahrzunehmen und richtig zu verstehen.

Optimal sind E-Mails, die ohne Scrollen am Bildschirm lesbar sind. Es ist jedoch unmöglich, das im Arbeitsalltag zu 100% durchzusetzen. Was halten Sie davon, es „nicht immer, aber immer öfter" anzustreben?

Vorteilhaft sind kurze Absätze:

- Ein Absatz sollte aus maximal zwei bis drei Sätzen bestehen und bis zu fünf Zeilen umfassen.
- Lassen Sie durchaus auch einen Satz in einer Zeile allein stehen!
- Heben Sie wichtige Daten optisch hervor. Das können im Fall einer Veranstaltung, das Datum, die Uhrzeit und der Ort sein. Enthält Ihre E-Mail eine Handlungsaufforderung (Vergleichen Sie dazu auch Kapitel 7.4.) so ist die Variante „WER soll WAS bis WANN tun" deutlich sichtbar hervorzuheben. Die gute Sichtbarkeit der Daten ist der Alternative, diese Angaben hier und da im Fließtext zu verstecken, weit überlegen. Dem Empfänger wird ein langes Suchen nach und das Herausfiltern wesentlicher Daten erspart.

Begrenzung der Zeilenlänge

Dieser Hinweis gilt weniger für Inhouse-E-Mails, insbesondere für die in großen Unternehmen, in denen dieses Thema technisch meist gut gelöst wurde, als für solche nach außen.
Wenn Sie die Zeilenlänge auf 65 bis 75 Zeichen begrenzen, wird die E-Mail einfacher lesbar gegenüber Texten, die fast

die gesamte Bildschirmbreite beanspruchen. Analog dem Schiedsrichter oder auch dem Zuschauer beim Tennis, der nur folgen kann, indem er stets erneut seinen Blick (und Kopf) von links nach rechts und zurück bewegt, ergeht es dem Empfänger beim Lesen von Texten mit langen Zeilen.

Da manche E-Mail-Programme längere Zeilen (als 65 Zeichen) automatisch umbrechen, kann es passieren, dass Ihre Textstruktur beim Empfänger leider anders aussieht als geplant und schwieriger zu lesen ist. Fügen Sie in den Kopf der E-Mail ein symbolisches Lineal ein, das darauf hinweist, in welcher Fenstergröße Ihre E-Mail geschrieben und damit am besten zu lesen ist. Dies kann zum Beispiel so aussehen:

```
==========================================
←-------Hinweis: In dieser Breite und Arial optimal lesbar--------→
==========================================
```

Vorsicht mit Worttrennungen

Unser Ziel ist die einfache Lesbarkeit des Textes für den Empfänger. Rechtschreib- und Trennhilfen stellen eine mögliche Hilfe dar, jedoch keine, der man blind vertrauen kann. Sinnentstellende Worttrennungen wie

- aber-kennen,
- Frust-ration,
- Urin-stinkt,
- bein-halten

belegen das. Sehen Sie in E-Mails von Trennstrichen ab. Drohen jedoch Missverständnisse, wie zum Beispiel

- der/die "Streikende", aber das "Streik-Ende"
- "Talentwertung": Geht es hier um die umstrittene Brücke im Dresdner Elbtal oder werden vom Personalbereich Talente gesucht?

prüfen Sie, inwieweit Sie das Wort durch ein eindeutigeres substituieren können. Falls das unmöglich ist, nutzen Sie den Bindestrich. Das gilt auch für Worte wie Bauerhaltung, Baumast, Fluchtraum und andere.

DIN 5008

Für die Geschäftskorrespondenz, also auch für den elektronischen Geschäftsbrief, gilt die DIN 5008.[19] Halten wir uns in E-Mails generell an die DIN 5008 oder gewöhnen wir uns Stück für Stück daran, dies zu tun, trägt das dazu bei, die Wahrnehmung, zum Beispiel von Telefonnummern, zu erleichtern. Wir vermeiden, den Empfänger mit wechselnden Zifferanordnungen zu konfrontieren. Hier einige Auszüge:

- **Telefonnummer:** keine Gliederung mehr: 1234560
  Ausnahme: Durchwahl: 123456-11
  Die Durchwahl wird mit einem Bindestrich getrennt.
- **Telefonnummer mit Vorwahl**: 0351 1234560
  Vorwahl, Leerzeichen, Rufnummer
  Die Klammern um die Vorwahl fallen weg.
- **Telefonnummer mit Ländervorwahl:**
  +49 351 1234560
  +Ländervorwahl (Nullen entfallen), Leerzeichen, Vorwahl (Null entfällt), Leerzeichen, Rufnummer
- **Sondernummern**: 0800 1234560
  0180 1234560
  0190 1234560
  den Tarif definierende Ziffer, Leerzeichen, Rufnummer
- **Faxnummern**: analog zu Telefonnummern
- **Postleitzahlen:** 01705
  Postleitnummern: 3 21 66 oder 12 54 62
  werden zweistellig von rechts gegliedert.

6.2.3. Anrede

Der Textkörper beginnt mit der Anrede. Die Wahl der passenden Anrede bewegte die Menschen bereits früher, wenn neue Kommunikationswege aufkamen, so zum Beispiel um 1870 das Telefon[14]. Damals wurde die Frage aufgeworfen: Welches ist eine passende Begrüßung, nachdem man den Hörer abgenommen hat? Alexander Graham Bell, dem wir das Telefonieren zu verdanken haben, schlug „Ahoy, ahoy" vor. Durchgesetzt hat sich das bis dahin kaum gebrauchte „Hello" von Thomas Edison.
Zurück zur E-Mail: Eine personalisierte Anrede gehört sowohl in der Geschäftskorrespondenz als auch im Marketing zum guten Stil, unabhängig davon, ob ein oder mehrere Adressaten angesprochen werden oder ob es sich um eine einzelne oder um eine Serien-E-Mail handelt. Eine angemessene und individualisierte Anrede lässt den Empfänger die beim Verfassen praktizierte Sorgfalt des Absenders spüren. In der innerbetrieblichen Kommunikation induziert eine Anrede ohne individuelle Ansprache beim Empfänger, dass von ihm keine Handlung erwartet wird. Es sei denn, aus den Arbeitsabläufen ergibt sich, dass dem Absender der Empfängername unbekannt ist. Achten Sie weiterhin auf Korrektheit:

- ➢ Vermeiden Sie Fehler im Namen. Eine winzige Unachtsamkeit kann hier unangenehme Folgen haben.
  - Was empfand Herr Doktor Schottmann wohl, als er mit „Sehr geehrter Herr Doktor Schrottmann" angeschrieben wurde? Peinlich auch:
  - Sehr geehrte Daten und Herren,
- ➢ Prüfen Sie, ob Sie einen Mann oder eine Frau ansprechen. Bei ausgefallenen Vornamen oder bei der Korrespondenz mit dem Ausland kann das schwierig werden. Überlegen Sie, ob ein Anruf Klarheit bringen kann. Bei der englischsprachigen Korrespondenz bietet ein „Hello Vorname" eine Lösung. Es steht Ihnen darüber hinaus

frei, im Text sowohl zu erwähnen, dass es Ihr Anliegen ist, den Adressaten korrekt anzusprechen, als auch zu thematisieren, dass es Hürden gibt, die Sie verunsichert haben. Bitten Sie den Empfänger, Ihnen bei deren Überwindung behilflich zu sein. Zeigen Sie mir die Person, die Ihnen das übel nimmt.

➢ Achten Sie auf Titel, es sei denn, der Adressat hat etwas anderes festgelegt oder Ihnen vorher signalisiert, es anders zu tun. Achten Sie bei Titeln auch auf landestypische Geflogenheiten und kulturelle Unterschiede. In unserem Nachbarland Österreich zum Beispiel stellen neben Abschlüssen eines Studiums, wie zum Beispiel Ingenieur oder Magister, auch Funktionsbezeichnungen, wie „Herr Prokurist" Titel dar, die in der Anrede zu verwenden sind.

Was aber, wenn der Empfänger wiederholt mit einem „Hallo" auf eine förmlich gehaltene Anrede antwortet oder den Firmenmitarbeiter in der E-Mail sogar unaufgefordert duzt. Diese Frage wurde mir in einem Workshop für Verkäufer eines Luxus-PKW gestellt. Da passt ein Zitat von John Postel, einem IT-Pionier und früheren Direktor der Netzabteilung des Informatikinstituts der Universität von Südkalifornien, der 1998 leider viel zu jung starb:

Be liberal in what you accept,
be conservative in what you send.

Der Verkäufer antwortet im Auftrag, im Namen und entsprechend der CI (Corporate Identity) seines Unternehmens. Daher ist er gut beraten, zwar freundlich und zuvorkommend, gleichzeitig aber korrekt und eher förmlich zu schreiben. Wenn ihm immer wieder mit einem „Hallo" geantwortet wird, ist es im Sinne von „sich spiegeln" denkbar, mit einem „Hallo Herr ... " zu antworten. Das „Du" bleibt jedoch Tabu.

Innerbetrieblich sollte eine personalisierte Anrede verwendet werden, wo immer dies praktisch umsetzbar ist. Zu empfehlen ist diese Vorgehensweise insbesondere dann, wenn man mit Kollegen kommuniziert, die einem persönlich noch unbekannt sind. (Erinnert sei an dieser Stelle an das im Kapitel 3 erläuterte Beziehungskonto.) In großen Unternehmen mit mehreren Standorten ist das häufiger der Fall, als man zunächst annimmt. Hier befinden Sie sich mit einer freundlichen, aber eher förmlichen, zurückhaltenden Ansprache auf der sicheren Seite. Sind viele Adressaten gleichzeitig anzusprechen, wird eine personalisierte Anrede schwierig. Steckt die Transparenz aller Adressaten in der Korrespondenz nach außen voller Tücken, so ist sie für die Kooperation im eigenen Haus oder in Projektteams oft erwünscht. Was ist also zu tun?
Wählen Sie eine angemessene Anrede, die bei den Empfängern gut ankommt. Das kann sowohl von Zielgruppe zu Zielgruppe, als auch von Unternehmen zu Unternehmen variieren. In Teams, die sich gut kennen und verstehen, ist das meist unkompliziert. Was aber, wenn Sie mit einer Gruppe kommunizieren, von denen Sie mit einigen per Du sind, mit anderen dagegen nicht. Hier gibt es nach meiner Erfahrung zwei Lösungen: Entweder Sie verfassen zwei separate E-Mails oder sprechen alle mit Sie an.

Wie aber ist die Anrede zu formulieren? Liebe KollegINNen? Von Abkürzungen wie diesen sollten Sie auf jeden Fall absehen. Was ist mit ausschließlich „Hallo", oder „Hi" mit „Sehr geehrte ...", „Liebe..." oder „Moin alle miteinander"?
Ich erinnere mich, dass bei einem namhaften Auftraggeber in der Anrede das „Hallo" gefolgt vom Namen zu der für dieses Haus unternehmenstypischen Anrede gehörte. Mit „Hallo" (meist ohne Namen) grüßte man den Kollegen auf dem Flur, in der Kantine, in der Fertigungshalle und so weiter. Wem das „Guten Tag" über die Lippen kam, der wurde schnell als nicht zur Firma gehörend identifiziert. Hier war das „Hallo" in der Anrede von E-Mails (im Kolle-

genkreis) fast so etwas wie ein Standard. In anderen Unternehmen genießt das „Hallo" eine weit geringere Wertschätzung. Sehen Sie als Mitarbeiter davon ab, es gegenüber Vorständen oder Führungskräften im oberen Management zu verwenden. Ansonsten: Kommen Sie einfach ins Gespräch miteinander, um herauszufinden, was die anderen als angemessen empfinden. Es sind genau diese Gespräche, die in unternehmensinternen Workshops mitunter leidenschaftliche Diskussionen auslösen. Das vom Absender verwendete „Liebe Frau Müller", mit dem die Absenderin es „doch nur gut meinte" und der neuen Kollegin Frau Müller zum Ausdruck bringen wollte, wie sympathisch sie ihr war, führte zu Entrüstung bei Frau Müller. „Wie kommt sie dazu, mich so vertraut anzusprechen. Wir kennen uns doch kaum." Wie schrieb Herr Knigge bereits vor über 200 Jahren:

Vorsichtigkeit ist im Schreiben
noch weit dringender als im Reden zu empfehlen.

Es gibt auch E-Mail-Anwendungen, die ohne eine Anrede auskommen. Wird eine E-Mail über ein Eingabeformular auf einer Webseite generiert, zum Beispiel für einen Bestellvorgang (ankreuzen einer Anzahl von Produkten) oder um Informationen oder Datenblätter abzurufen (markieren, welche Daten oder Unterlagen gewünscht werden), kann das der Fall sein.

Zudem kann die Anrede in Projektteams oder für bestimmte kurze Vorgänge ebenfalls wegfallen:

> Stephan, hier Dein Entwurf mit meinen Anmerkungen (in blauer Schrift) zurück, Gruß Martina

kann völlig ausreichen, wenn die beteiligten Partner sich darauf verständigt haben. Auch hier gilt wieder der Grundsatz: Kommen Sie ins Gespräch miteinander, um herauszufinden, was die anderen als passend empfinden, womit sie sich wohlfühlen.

6.2.4. Der erste Satz

Beginnen Sie positiv. Kommen Sie bei aller Freundlichkeit, wo immer die Option besteht, inhaltlich möglichst schnell auf den Punkt. Das Wesentliche gehört nach vorn.
Auf die Anfrage[20)]

> Sehr geehrte Damen und Herren,
>
> Ich interessiere mich für Ihr Produkt ABC. Könnten Sie mir dazu Informationen per E-Mail zukommen lassen?
>
> Ich bedanke mich schon im Voraus und
> verbleibe mit freundlichen Grüßen, Nina Schulze

wurde geantwortet:

> Sehr geehrte Frau Schulze,
>
> vielen Dank für Ihre Anfrage, wir freuen uns über Ihr Interesse an unserem Produkt ABC.
> Anbei übersende ich Ihnen einen Link zu Thema „Produkt ABC..."
> Folgende Informationen finden Sie hier:
> - Datenblätter
> - Anwendungen
> - Qualitätskriterien
> - Bestellung
> - Service

Es geht auch kürzer, insbesondere reicht **eine** freundliche Einstiegsäußerung völlig.

6.2.5. Inhalt: Vollständig und korrekt

Fehlen im Text Daten oder sind diese sogar falsch, werden beim Empfänger Rückfragen generiert oder er erhält eine E-Mail zum gleichen Vorgang, aufgrund notwendig gewordener Korrekturen, mehrfach. Beides ist gerade in Zeiten der E-Mail-Flut zu vermeiden. Stellen Sie daher vor dem Versand sicher, dass wirklich alle benötigten Daten (zum Beispiel Termine, Ortsangaben, Konditionen, Agenda, Artikelnummer, Projektbezeichnung, Namen und so weiter) und Informationen in der E-Mail aufgeführt sind. Das hilft Ihnen, eine inhaltlich vollständige und korrekte E-Mail zu versenden. Beugen Sie bei der Wortwahl und der verwendeten Terminologie denkbaren Verwechslungen und Doppeldeutigkeiten vor. Prüfen Sie dies alles vor dem Versenden. Wie kommt es beim Empfänger an, wenn er die Nachricht erst Korrektur lesen muss. Und wie fühlen Sie sich dabei? Je größer Ihr Empfängerkreis ist, desto höher liegt der Schaden, den die mangelnde Sorgfalt des Absenders anrichtet. Das betrifft auch die Links zu den Webseiten, auf die Sie möglicherweise im Text verweisen. Es ist doch so einfach, diese vor dem Versand zu prüfen: Klicken Sie einfach einmal selbst auf den Link!

6.2.6. Korrekte Orthografie und Grammatik

werden als selbstverständlich vorausgesetzt! Nutzen Sie bei Bedarf Rechtschreibhilfen. Hätte der folgende Absender dies doch nur getan!

Sehr geehrte Frau Fleischer,

Wir bieten eine allgemeine Zusatzversichuerng an. Derzeit noch nicht gezielt nur für Zahnersatz. Ich empfehle Ihnen jedoch derzeit auchnoch keine Zahnersatzversichuerng abzuschließen, da die Kosten und der Leistungsumfang erst entgültig ende September festgelegt wird. Ich würde Ihnen empfehlen bis dahin noch zu warten und sich dann Angebote angucken. Wir bringen unsere Zahnersatzversicherung auch erst im Herbst, da zum 30. 9. 2004 erstmalig die Höhe der Festzuschüsse bestimmt wird. Wenn Sie möchten teilen Sie mir Ihre Adresse mit, dann sende ich Ihnen unsere allgemeine Zusatzversichuerng per Post zu.

Mit freundlichen Grüßen

Ihr ...Team

Damit wir uns richtig verstehen: Niemand ist vor Fehlern gefeit. Ein Fehler in einer E-Mail, aus der ansonsten die Sorgfalt des Absenders eindeutig erkennbar ist, wird verziehen. Gleiches gilt, wenn der Empfänger den Absender aus seiner persönlichen Erfahrung heraus als gewissenhaften Kommunikationspartner kennt. Werden jedoch fehlerhafte E-Mails zu einem persönlichen Markenzeichen, besteht ein dringender Handlungsbedarf. Dieses Verhalten ist unbedingt zu ändern.

Weshalb ist korrekte Rechtschreibung so wichtig? Weil es den Lesenden weniger Zeit kostet, ein korrekt geschriebenes Wort wahrzunehmen. Wir erkennen Worte nur als Gesamtbild und nicht, indem wir jeden einzelnen Buchstaben lesen und dann Stück für Stück zusammensetzen. Ein falsches Muster in diesem Bild irritiert. Nun ergab zwar eine Studie der Cambridge Universität Folgendes:

> Nach eienr Stidue der Cmabridge Uinversitiaet ist es eagl,
> in wlehcer Reiehnfogle
> die Bchustebaen in Woeretrn vokrmomen.
> Es ist nur withcig, dsas der ertse und lettze Bchusatbe
> an der ricthgien Stlele sind.
> Der Rset knan total falcsh sein
> und man knan es onhe Porbelme leesn.
> Das ist so,
> weil das mneschilche Geihrn nicht jeden Bchustbaen liset,
> sodnern das Wrod als Gaznes.

Aber wäre das für Sie eine Alternative ;-)?

Alles in Groß- oder Kleinbuchstaben?

Ist eine E-Mail vollständig in Klein- oder Grossbuchstaben geschrieben, wird zum Lesen mehr Zeit benötigt als für die Rezeption eines orthografisch richtigen Textes. Diese Angewohnheit ist zum Glück immer seltener anzutreffen. Welch erfreuliche Entwicklung! Es hat sich offensichtlich herumgesprochen, dass

- ➢ Ein Textverfasser, der alles in Kleinbuchstaben schreibt, damit dem Empfänger signalisiert, ihn ohnehin nicht für voll zu nehmen.
- ➢ Großbuchstaben für das Schreien oder ein sehr lautes Sprechen stehen.

Beide Bedeutungen entstammen in ihrer ursprünglichen Form dem Chat.

E-Mail-Kommunikation über Grenzen hinweg

Bei E-Mails, die in einer Fremdsprache verfasst wurden, werden die Orthografie und die Grammatik vom empfangenden Muttersprachler weniger kritisch gesehen. Dennoch kann man auch hier positiv auffallen.
Im Englischen kommt erschwerend hinzu, dass eine einheitliche Orthografie fehlt. Vergleichen Sie allein das britische mit dem kanadischen und dem amerikanischen Englisch.
Warum aber in die Ferne schweifen? Auch im deutschsprachigen Raum gibt es Unterschiede, sowohl in der Orthografie als auch in der Wortwahl. Aus Wien wurde eine E-Mail an einen deutschen Kollegen in der badischen Niederlassung desselben Unternehmens gesendet. Darin wurde dieser „ersucht", etwas zu erledigen. Die Formulierung irritierte den Deutschen (zurückhaltend ausgedrückt). Zum Glück fragte er einen Wiener Kollegen, der ebenfalls in Baden arbeitet, wie damit umzugehen sei. Der erklärte ihm, dass ihn der Wiener E-Mail-Absender mit größter denkbarer Höflichkeit um etwas gebeten habe. Wie sagte der österreichische Schriftsteller Friedrich Torberg:

Deutsch ist die gemeinsame Sprache,
die Deutsche und Österreicher trennt.

Wer per E-Mail international kommuniziert, ist gut beraten, kulturelle Unterschiede zu berücksichtigen. Mit der Formulierung „You must send me the information immediately." werden Sie sich im angelsächsischen Sprachraum keine Freunde machen, ganz im Gegenteil. Für die Pflege von Geschäftskontakten nach oder in Indonesien, so habe ich erfahren, ist es angebrachter, von der E-Mail abzusehen.

Seien wir also offen für und interessiert an anderen Kulturen, aber auch an unserer eigenen. Letzteres schließt ein, die eigene Muttersprache zu beherrschen und zu pflegen.

Umlaute, ß, Sonderzeichen

Wer ganz sicher gehen will, dass Umlaute, ß, und Sonderzeichen beim Empfänger lesbar statt als Hieroglyphen erscheinen, ersetzt (zur Zeit noch) die Umlaute durch zwei Selbstlaute, „ß" durch „ss" und vermeidet Sonderzeichen.

6.2.7. Zum Smiley

Das Smiley stellt eine Variante dar, das Fehlen nonverbaler Signale in der E-Mail-Kommunikation zu kompensieren. Signalisiere ich dem Kollegen mit dem Smiley ;-) „Augenzwinkern", die Aussage wäre scherzhaft gemeint, kann das helfen, Konflikte zu vermeiden. Insofern sind Smilies in der Kommunikation mit gut vertrauten Kollegen ein Mittel der Wahl. Sie sind jedoch in der offiziellen elektronischen Geschäftskorrespondenz tabu.

6.2.8. Abschlussgruß

Sehen Sie davon ab, nach DER Abschlussgrußformel zu suchen. Gestalten Sie diese dem jeweiligen Zweck Ihrer E-Mail und der Zielgruppe entsprechend.
Ich hatte mich kürzlich zu einer Abendveranstaltung in Dresden angemeldet. Am späten Vormittag des betreffenden Tages traf eine E-Mail mit dem Hinweis, dass sich der Veranstaltungsort geändert hat (dasselbe Hotel, aber ein anderer Saal) ein. Abschließend wünschte man mir (wie natürlich auch den vielen anderen Empfängern dieser E-Mail)

> eine gute Anreise

Das Hotel liegt etwa neun Kilometer von meinem Büro entfernt. Übrigens: Über die Hälfte der Teilnehmer waren Dresdner. Wie aber stand es um die Teilnehmer, denen tatsächlich eine (längere) Anreise bevorstand oder die sich bereits auf dieser befanden? Erreichte sie die Nachricht noch rechtzeitig? Wäre es bei solchen kurzfristigen Änderungen nicht einfacher, im Hotel, zum Beispiel über eine Tafel, auf den Raumwechsel aufmerksam zu machen?

Für den elektronischen Geschäftsbrief gelten analog zu dem Geschäftsbrief auf Papier dieselben Regeln. Oft, insbesondere in großen Unternehmen, ist die Abschlussgrußformel Bestandteil der CI und damit festgelegt.
Für die Kommunikation innerhalb des eigenen Hauses sind analoge Überlegungen, wie wir sie im Kapitel 6.2.3. „Anrede" behandelt haben, sinnvoll. Zu vermeiden sind Abkürzungen wie „MfG". Sollten Sie es als zu zeitaufwendig ansehen, unter jeder E-Mail „Mit freundlichen Grüßen" oder eine andere Grußformel auszuschreiben, existieren Möglichkeiten, diese Zeit zu sparen. Hier sind zwei:

- ➢ Nutzen Sie die Funktion Autokorrektur: Damit wird jedes „MfG" automatisch zu einem „Mit freundlichen

Grüßen". Wollen Sie eine andere Grußformel verwenden, definieren Sie Ihre eigenen Regeln in der Autokorrektur.
- Erweitern Sie Ihre Signatur um die jeweilige Grußformel. Nutzen Sie unterschiedliche Grußformeln, abhängig vom Zweck (Geschäftskorrespondenz, Information an Kollegen und so weiter) oder vom Adressaten (Kollege, Vorstand, Kunde und so weiter). Definieren Sie entsprechend mehrere Signaturen.

6.2.9. Signatur

Eine E-Mail-Signatur ist ein kleiner Text, der, vergleichbar mit einer Visitenkarte, an das Ende der E-Mail angehängt wird.
Diente die Signatur ursprünglich der Vertrauensbildung und der Erleichterung der Kontaktaufnahme, so sind heute gesetzliche Vorgaben, zumindest für geschäftsrelevante E-Mails zu beachten. Große Unternehmen haben in der Mehrzahl eine einheitliche Signatur definiert, die alle Mitarbeiter verwenden. Viele kleine und mittelgroße Unternehmen haben, insbesondere im Jahr 2007, bestehende Lücken geprüft und bei Bedarf gefüllt.
Die Signatur ist es wert, dass man ihr besondere Aufmerksamkeit schenkt. Warum?

➢ Wie die Signatur am Ende der E-Mail zu gestalten ist und welche Angaben darin Pflicht sind, wird in Deutschland, zumindest für geschäftsrelevante E-Mails, seit dem 1. Januar 2007 im „Gesetz über elektronische Handelsregister und Genossenschaftsregister sowie über das Unternehmensregister" (EHUG) festgelegt. Unter diese neuen Regelungen fallen elektronische Geschäftsbriefe. Darunter werden alle von einem Kaufmann oder Kleingewerbetreibenden ausgehenden schriftlichen Mitteilungen verstanden, die der Geschäftsanbahnung oder der Geschäftsabwicklung dienen. Dazu gehören zum Beispiel Angebote, Bestellungen und Kündigungen. Auch Newsletter können darunter fallen. So sind im Fall einer GmbH

  - der vollständige Firmenname (wie im Handelsregister eingetragen) mit Rechtsform (also GmbH),
  - der Sitz der Gesellschaft,
  - das zuständige Registergericht sowie die Handelsregisternummer und
  - alle Geschäftsführer mit Familiennamen und mindestens einem ausgeschriebenen Vornamen

aufzuführen. Unpersönliche Formulierungen wie
- „Ihre Agentur XY".
- „Ihr Newsletter Team"

ohne jegliche Namensnennung einer Person, von denen ich Ihnen bereits in den ersten beiden Auflagen des E-Mail-Knigge abriet, sind damit nun auch rechtlich kritisch.

➢ Die Signatur kann durchaus ein wertvoller Bestandteil der Corporate Identity sein. Eine nach außen einheitliche Signatur eines Unternehmens ist, analog zum offiziellen Kopfbogen bei Briefen, der Alternative, dass Mitarbeiter jeweils ihre selbstentworfene Signatur verwenden, weit überlegen.

➢ Im Bereich Kundenbetreuung weist die Signatur den Namen des zuständigen Bearbeiters aus. Das hilft dem Kunden weiter, wenn zusätzliche Fragen auftreten oder ein erneuter Kontakt gesucht wird.

➢ Wenn es Ihnen gelingt, dass Ihre E-Mail für den Empfänger/Leser bis zuletzt interessant bleibt und er bereit ist, Sie daraufhin zu kontaktieren, setzen Sie ihm die Hürde dazu, mit den in der Signatur aufgelisteten Kontaktdaten, so niedrig wie möglich. Sie gewinnen einen wesentlichen Vorteil gegenüber anderen, die diesen Aspekt vernachlässigen!

Ich halte meine Empfehlung aus den ersten zwei Auflagen dieses Buches aufrecht, auch in solchen elektronischen Nachrichten, die der Gesetzgeber nicht zu den geschäftsrelevanten E-Mails zählt, in der Signatur alternative Kontaktdaten zur E-Mail anzugeben, zumindest das Telefon. Sie anzurufen, kann für den Empfänger bequemer oder praktikabler als die Antwort per E-Mail sein. Lassen Sie ihm diese Option offen.

Führen Sie Ihre URL (Webadresse) auf, beginnen Sie mit "http://...", damit das E-Mail-Programm sie als Link erkennen kann und sie vom Empfänger, bei Bedarf, direkt anklickbar ist.

Zur äußeren Form:

- Beachten Sie auch hier die 65 Zeichen als maximale Zeilenlänge.
- Das Layout sollte einfach und klar gestaltet sein und damit als eine Art „Visitenkarte" einen professionellen Eindruck erwecken. Eine Trennlinie, die zumindest den Anfang der Signatur als solchen kennzeichnet, ist hilfreich, um den eigentlichen Inhalt der E-Mail abzugrenzen. Nach meiner Erfahrung wirkt der Text linksbündig am besten. Vermeiden Sie es dagegen, Blocksatz oder rechtsbündigen Text zu verwenden. Der könnte, je nach dem Zeichensatz, der beim Empfänger eingestellt ist, unschön aussehen - die Standardeinstellung ist in der Regel ein nicht-proportionaler Zeichensatz.

Was ist von Werbung in der Signatur zu halten?
In einem Fall wird im Vorfeld einer Messe von einem als Messefachmann angekündigten Autor empfohlen, in der Signatur jeder E-Mail zu dieser Messe einzuladen. Davon rate ich Ihnen ab. Warum? Hier kommt wieder das „alle über einen Kamm scheren" - Prinzip zum Tragen, dem jedoch die Individualisierung deutlich überlegen ist. Wie kommt eine solche E-Mail bei denen an,

- die mit Ihnen bereits einen Besuchstermin zur Messe vereinbart haben?
- die sich bei Ihnen bereits für die Einladung bedankt, aber abgesagt haben? Warum sollten sie erneut eine Einladung erhalten?
- für die diese Messe aktuell oder inhaltlich irrelevant ist?
- die mehrmals wöchentlich von Ihnen elektronische Post erhalten?

Zudem belegen Studien, dass pauschale Werbung in der Signatur mehr stört als nutzt. Anders verhält es sich bei maßgeschneiderten Informationen, die durchaus auch einen werbenden Charakter haben können. Allerdings sollte der Versender sicher sein, dass sie den Empfänger tatsächlich brennend interessieren. Dies jedoch praktisch in der alltäglichen E-Mail-Kommunikation umzusetzen, stellt eine echte logistische Herausforderung dar. Ob das erreichbare Ergebnis diesen Aufwand wohl rechtfertigt?

Ein PS am Ende?

Ein PS am Ende setzt Vertrautheit zwischen den Korrespondierenden voraus. Im Newsletter kann es mitunter sinnvolle Anwendungen geben. In der Geschäftskorrespondenz rate ich davon ab.

6.2.10. ...und am Ende das „Letzte": Disclaimer

Sicher haben auch Sie schon E-Mails mit folgenden oder ähnlich formulierten Texten am unteren Ende erhalten:

> Diese E-Mail kann Betriebs- oder Geschäftsgeheimnisse oder sonstige vertrauliche Informationen enthalten. Sollten Sie diese E-Mail irrtümlich erhalten haben, ist Ihnen eine Kenntnisnahme des Inhalts, eine Vervielfältigung oder Weitergabe der E-Mail ausdrücklich untersagt. Bitte benachrichtigen Sie uns und vernichten Sie die empfangene E-Mail. Vielen Dank

Wenn ja, wie haben Sie dies empfunden? Waren Sie ernüchtert, unzufrieden, enttäuscht, vielleicht auch verärgert? Schließlich ist Ihre wertvolle Zeit durch einen Fehler auf der Absenderseite verloren gegangen. Aber damit noch nicht genug: Sie werden in der E-Mail zu Handlungen aufgefordert, die unerfüllbar sind. („Kenntnisnahme des Inhaltes ausdrücklich untersagt".) Wie soll das gehen, wenn der Nachsatz am unteren Ende der E-Mail steht? Wie soll der Empfänger denn dorthin kommen, ohne den Text zuvor registriert zu haben? Sie werden darüber hinaus beschäftigt: „Bitte benachrichtigen Sie uns und vernichten Sie die empfangene E-Mail." Selbst ein „Entschuldigung bitte" oder „Es tut uns leid, wenn diese E-Mail irrtümlich ..."? fehlt völlig.

Hinter fehlgeleiteten E-Mails stecken menschliche Fehler. Auslöser ist entweder eine falsche Adresse im E-Mail-Kopf oder eine von Personen unzureichend bediente, geschützte, gewartete und/oder strukturierte Technik. Fehler können unterlaufen. Was aber ist davon zu halten,

- ➢ diese Fehler allein ANDERE ausbaden zu lassen oder
- ➢ in Zeiten der Informationsüberflutung jeder E-Mail pauschal einen zusätzlichen Textbaustein hinzuzufügen?

Hinter fehlgeleiteten E-Mails steckt keine grundsätzlich unzuverlässige Technologie. Inwieweit wird die Technik aber auch genügend kritisch hinterfragt, geprüft und gewartet? Ist es nicht so, dass wir uns in Sicherheit wiegen, solange alles ordnungsgemäß läuft? Erkennt nicht mancher unter uns erst im Havariefall, wir hätten uns eher um die Technik kümmern sollen? Würden Sie mit einem Flugzeug reisen, auf dessen technische Prüfung verzichtet wurde, da ja bisher alles reibungslos funktionierte? Wohl kaum, oder? Und wie halten Sie es bei der elektronischen Kommunikation?

Von einer, mit mir kooperierenden, Fachanwältin für IT-Recht weiß ich, dass Disclaimer aus rechtlicher Sicht entbehrlich sind. Aus Knigge-Sicht belastet er den Adressaten unnötig. Ein Disclaimer wie

Vertraulich! Wenn Sie nicht der oben genannte Empfänger sind, löschen Sie diese Nachricht bitte sofort!

provoziert die Frage, weshalb das absendende Unternehmen für Vertrauliches, für Betriebs- oder Geschäftsgeheimnisse überhaupt eine unverschlüsselte E-Mail zulässt. Meines Wissens nach ist der Einschreibebrief noch immer verfügbar. Darüber hinaus gibt es inzwischen auch spürbar praktikablere Methoden zur E-Mail-Verschlüsselung als noch vor wenigen Jahren.

6.3. E-Mail-Anlagen

Dateiformat und –größe von E-Mail-Anlagen

Eine Anlage ist eine der E-Mail beigefügte Datei. Dabei handelt es sich häufig um Grafik- oder Textdateien. Der Videoversand hat in den letzten Jahren spürbar zugenommen. Lassen Sie den Empfänger bereits im Text oder in der Betreff-Zeile wissen, worum es in der Anlage geht. Bei mehr als einer Anlage hilft dem Empfänger ein aussagefähiger Dateiname, um zu erkennen, welche Anlage welchem Zweck dient.

Die Visitenkarte als Anlage in der Geschäftskorrespondenz ist heute unüblich. Das hat im wesentlichen zwei Gründe:

> Diese Angaben stehen bereits in der Signatur (Vergleichen Sie Kapitel 6.2.9.)
> Das einfache Verschieben der V-Card in das Outlook-Adressbuch entfällt, wenn wir, wie im Kapitel 5.4.4 erläutert, davon absehen, dort Adressen zu speichern.

Bei E-Mail-Anlagen sind im wesentlichen zwei Dinge zu berücksichtigen: Das Dateiformat und die Dateigröße.

Zum Dateiformat

Achten Sie bei E-Mails, die Ihr Haus verlassen, auf ein Dateiformat,

> welches der Empfänger ohne weiteres lesen kann; (Der Punkt verliert jedoch aufgrund der vielfältigen Kompatibilitäten von Dateiformaten inzwischen an Relevanz.)
> das verhindert, die Sicherheit des Empfängers zu gefährden. Viele versenden Anlagen im doc-Format, ohne zu wissen, dass dieses Format sogenannte Makros (Viren) übertragen kann. Beim Öffnen Ihrer Anlage durch den Empfänger kann dieser eine böse Überraschung erleben.

Auch der von manchen offensichtlich zur Beruhigung eingefügte Satz:

Diese E-Mail wurde vor dem Versand auf Viren geprüft.

bietet keine hundertprozentige Sicherheit. Wie auch? Die Frage, wer zuerst da war, lässt sich für „das Ei oder die Henne" keinesfalls so klar beantworten wie für „das Virus oder den Virenschutz". Ein Virenschutzprogramm **reagiert** auf neue Viren. Es ist unmöglich, ihnen zuvorzukommen. Was also tun?

- Wandeln Sie die doc-Datei einfach in eine pdf-Datei um. Programme dazu gibt es bereits kostenlos zum Herunterladen. Dieses Dateiformat bietet darüber hinaus den Vorteil, dass die Datei so, wie sie der Absender erstellt und verschickt hat, unverändert bleibt. Das kann ein Nachteil sein, wenn im Dokument Änderungen vorgenommen werden sollen. Diesen Nachteil können Sie mit dem Rich-text-Format rtf umgehen.
- Nutzen Sie bei textdominierten Dateien das rtf-Format. Es ist der doc-Datei sehr ähnlich und lässt Veränderungen im Text problemlos zu. Unterlassen Sie es jedoch, Ihre Anlage in ein rtf-Dateiformat zu konvertieren, wenn diese Datei Grafiken enthält, da die Dateigröße sonst unbefriedigende Ausmaße annimmt.

Das Dateiformat doc ist keinesfalls das Einzige, welches Makros übertragen kann. Sowohl Excel-Dateien (.xls) als auch eine Reihe von CAD-Dateien sind – neben vielen anderen – unter Sicherheitsaspekten kritisch. Beachten Sie: Solange es um den Austausch von Dokumenten im eigenen Haus, und nicht um den Versand nach außen über das Internet geht, treffen durch Nichtbeachten dieses Aspektes verursachte Schäden allein das eigene Haus. Aber auch hier bietet das Konvertieren ins pdf-Format – so bestätigen uns Anwender immer wieder – eine gute Alternative. Bitte beachten Sie, dass darüber hinaus auch der Zweck der jeweiligen E-Mail-Kommunikation eine Rolle spielt. Geht es in Projektteams darum, dass der Empfänger die Datei, zum Beispiel eine Bau- oder Konstruktionszeichnung inhaltlich weiterentwickeln soll, kann ein unveränderliches Format störend sein. Hier, so zeigt die Praxis, gibt es Möglichkeiten, sich zu verständigen. Schließlich: Wo gibt es ein Leben völlig ohne Risiko? Dennoch: Sich dem Risiko bewusst zu sein, hilft, bösen Überraschungen vorzubeugen.

Achtung vor dem Wolf im Schafspelz

Ein gefährliches Dateiformat kann über eine als ungefährlich getarnte Namensgebung der Datei das Microsoft-Sicherheitssystem passieren. Stellen wir uns vor, hinter der harmlos klingenden „Info.pdf", versteckt sich in Wirklichkeit „Info.pdf.exe". Sie können sich davor schützen, indem Sie Dateinamen, in denen mehr Punkte auftreten als allein der eine, welcher den Dateinamen vom Dateiformat trennt, abblocken. In der Fachsprache heißt das: Die Datei wird aufgrund eines Dateinamens mit Doppelerweiterung gesperrt. Hier noch mal zur Erinnerung: Eine Datei ist gekennzeichnet durch ihren Namen und das Dateiformat, charakterisiert durch drei Buchstaben. Beide Bestandteile werden durch einen Punkt voneinander getrennt. Punkte haben im Dateinamen selbst nichts verloren. Denken Sie bitte auch beim Vergeben des Dateinamens daran. Verwenden Sie zum Beispiel anstatt „Protokoll3.April.doc" als Dateinamen „Protokoll_3_April.doc". Ich vermute, Sie erinnern sich: Dies war eine der ersten Grundregeln, die wir bereits im Windows-Grundkurs lernten, nämlich in Dateinamen weder Punkte noch Sonderzeichen zu verwenden. Wer hätte damals gedacht, wie sehr uns diese Regel heute dabei hilft, Sicherheitsrisiken in der E-Mail-Kommunikation besser gewachsen zu sein!

Interna auf dem Silbertablett serviert

Wie wenig bewusst es manchem Absender ist, aber offensichtlich auch vielen Chefs, sonst hätten sie es ja abgestellt, welche Informationen, bis hin zu Interna, aus Anlagen ablesbar sind, zeigen

- Dateieigenschaften, die entweder zu wenig sorgfältig oder gar nicht gepflegt wurden oder
- Dateien, in denen die Funktion „Änderungen verfolgen" auch für den Empfänger möglich ist. So erfährt er „frei Haus" Details über handelnde Personen und die Historie der Entstehung dieses Dokumentes.

Zur Dateigröße

Als vertretbare Dateigröße im Anhang geschäftlicher E-Mails – dies besagen über Jahre hinweg in unseren Workshops erhobene Befragungen – werden bis zu 250 Kilobyte angesehen. Darüber hinausgehende Dateigrößen werden akzeptiert, wenn

- der Empfänger diese explizit abgefordert hat,
- diese Datei die Voraussetzung für die Fortführung der Arbeiten, zum Beispiel in Projekten, darstellt. Bau- und Konstruktionszeichnungen sind typische Beispiele.
- diese Datengröße dem Empfänger zuvor angekündigt wurde. Manche E-Mail-Server lehnen bestimmte Dateigrößen – oft geschieht dies bei mehr als 2 MB – grundsätzlich ab. In diesem Fall würde Ihre Nachricht zentral herausgefiltert werden anstatt an den Arbeitsplatz des Empfängers durchgestellt zu werden. Vereinbaren Absender und Empfänger in einer Kooperation mit dem Administrator des Empfängers einen genauen Zeitpunkt oder ein Zeitfenster für den Versand, so lässt sich diese Filterfunktion kurzzeitig abschalten, um die Nachricht in ihrer vollen Größe zuzustellen.

Von Journalisten habe ich erfahren, dass ihnen unaufgefordert zugeschickte große Videos oder Grafikdateien mitunter mächtig zu schaffen machen. Insbesondere jungen und grafikaffinen Leuten (natürlich nicht allen!) scheint es, meiner Erfahrung nach, besonders schwer zu fallen, die Dateigröße kritisch zu prüfen, den Bedarf, sie zu verkleinern, zu erkennen und dementsprechend zu handeln. Komprimieren Sie Ihre Anlage vor dem Versand, wenn dafür Bedarf besteht. Sie hat dann meist das .zip- oder .sit-Format. Der Empfänger dekomprimiert oder „entzippt" diese dann wiederum, damit sie für ihn lesbar wird. Die Werkzeuge, um dies zu tun, sind normalerweise auf Ihrem Arbeitsplatzrechner standardmäßig verfügbar.

6.4. Vermerk zur Wichtigkeit

Sie haben die Möglichkeit, Ihrer E-Mail mit einem Symbol für die Wichtigkeit - hoch wird dabei durch ein rotes Ausrufezeichen, niedrig durch einen nach unten gerichteten blauen Pfeil symbolisiert - zu versehen. Mein Ratschlag: Verwenden Sie die hohe Wichtigkeit äußerst sparsam. Sie wird sonst nicht mehr ernst genommen.

6.5. Empfangs- oder Lesebestätigung

Wer Outlook nutzt, kennt auch die Lesebestätigung. Schon allein der Begriff hält nicht, was er verspricht. Lotus Notes verwendet für diese Funktion die Bezeichnung Empfangsbestätigung. Dieser Ausdruck trifft es besser. Der Absender erkennt, seine E-Mail ist im Postfach des Empfängers angekommen und wurde geöffnet. Das ist jedoch alles. Ob die E-Mail gelesen wurde, bleibt hingegen offen.

Egal ob es sich um eine Empfangs- oder Lesebestätigung handelt: Beide generieren im Postausgang des Empfängers eine zu sendende E-Mail. Sie kennen inzwischen meine kritische Haltung zur E-Mail-Flut. Daher rate ich davon ab, jede E-Mail standardmäßig (dafür bieten E-Mail-Programme eine extra Funktion) mit einer Lesebetätigung zu versehen. Wozu benötigen Sie (neben der Antwort noch zusätzlich) eine Lesebestätigung,

➢ wenn Sie mit Personen kommunizieren, von denen Sie wissen, sie antworten stets zuverlässig oder

➢ wenn die E-Mail für einen bestimmten Vorgang oder innerhalb von Projektteams genutzt wird, wo ohnehin ständig E-Mails mit Fragen und Antworten ausgetauscht werden?

Für den, zum Glück ja nur in Ausnahmen vorkommenden, Adressaten allerdings, der wiederholt und hartnäckig behauptet, von Ihnen gar keine E-Mail erhalten zu haben, kann die Lesebestätigung eine Option sein.

6.6. Verschlüsselung und elektronische Signatur

Die E-Mail ist, was ihre Lesbarkeit auf dem Weg vom Absender zum Empfänger betrifft, vergleichbar mit der Postkarte. Insofern ist es sinnvoll, im Geschäftsleben zu prüfen, welche Inhalte über E-Mail und welche, aus Gründen der Vertraulichkeit, alternativ übermittelt werden sollten. Um auszuschließen, dass Dritte eine E-Mail auf ihrem Transport lesen, bietet die E-Mail-Verschlüsselung eine Lösung. Die elektronische Signatur dagegen stellt sicher, dass die Ihnen zugestellte E-Mail tatsächlich vom angegebenen Absender stammt. Versenden Sie über E-Mails Rechnungen an Geschäftsleute, so schreibt der Gesetzgeber vor, die qualifizierte elektronische Signatur zu verwenden. Ansonsten fehlt dem Rechnungsempfänger die Berechtigung, die Umsatzsteuer geltend zu machen. Neben der qualifizierten elektronischen Signatur als der höchsten Sicherheitsstufe gibt es noch die fortgeschrittene elektronische Signatur und die einfache elektronische Signatur. Natürlich ist es ein Akt der Höflichkeit im Umgang miteinander, einem Geschäftskunden elektronische Rechnungen nur über elektronisch signierte E-Mails oder alternativ Rechnungen auf klassischem Weg mit der Post zukommen zu lassen. Selbst wenn der Empfänger sich der Rechtslage bisher nicht bewusst ist: Das Thema ist spätestens bei der nächsten Buchprüfung auf dem Tisch. Nun höre ich wiederholt „Wer sieht der Rechnung schon an, auf welchem Weg sie mich erreichte, wenn ich das pdf-Dokument auf dem Farbdrucker ausdrucke?" Ein ganz wesentlicher Fakt spricht dagegen, und zwar die gesetzlichen Vorgaben zur Archivierung geschäftsrelevanter E-Mails. Dazu zählen zweifelsfrei Rechnungen, und zwar sowohl auf der Absender- als auch auf der Empfängerseite. Seit dem 1. Januar 2002 sind geschäftsrelevante E-Mails bis zu zehn Jahre revisionssicher zu archivieren. Das bedeutet, sowohl beim Rechnungsabsender als auch beim -empfänger reicht ein Blick ins E-Mail-Archiv, um zu sehen, auf welchem Weg die

Rechnung verschickt wurde. Ich selbst staune stets von neuem, wie Firmen, die einen erheblichen Teil Ihres Geschäftes online abwickeln, mit diesen Tatsachen umgehen. Wie sonst ist es zu erklären, dass es mich im Juli 2008 zwei Telefonate kostete, um bei einer Mitarbeiterin von www.flug.de zu erreichen, mir die Rechnung für ein gebuchtes Flugticket mit der Post anstatt mit einer unsignierten E-Mail zu senden. „Wir machen das immer so. Sie sind die erste, die danach fragt." - kommt Ihnen das bekannt vor? „Das einzige was stört, ist der Kunde" lautet ein Buchtitel, der mir dabei einfiel, übrigens auch, als ich folgende Formulierung las:

> Die öffentliche Verwaltung stellt ebenfalls von Papier auf IT-gestützte Verfahren um – mit der Tendenz dass ihre Kommunikationspartner einige Vorgänge zukünftig nicht nur elektronisch signieren können, sondern sogar müssen. Auch wer sich bislang nicht für die neue Form der Unterschrift interessiert, kann schon alsbald damit konfrontiert werden.

Dieser Text stammt aus der IHK-Zeitschrift[12)] der Industrie und Handelskammer Dresden vom September 2008. Inwieweit entspricht diese Ansprache dem „Umgang mit Menschen" im Sinne von Herrn Knigge? Allein die Wortwahl:

➢ „müssen" klingt nach Zwang: Wo bleibt die Perspektive des Empfängers?
➢ „konfrontiert" klingt mehr nach Kampf als nach Kooperation, von Konfliktprävention ganz zu schweigen.

Wer bereits über praktische Erfahrungen mit der elektronischen Signatur verfügt, hat einen Eindruck davon, in wieweit bisher verfügbare Abläufe praktikabel und kompatibel mit den bestehenden und bewährten Arbeitsabläufen im Unternehmen sind. Ähnliches gilt für die Verschlüsselung. Insofern sollten sowohl die elektronische Signatur als auch die Verschlüsselung Optionen darstellen.

7. Texten von E-Mails

Ein schlechter Stil verrät die Trägheit des Schreibers beim Denken. Da passen zwei Zitate:

> *Erst denken sie nicht,*
> *und dann drücken sie es schlecht aus.*
> Kurt Tucholsky

> *Wer nicht geradeaus schreiben kann,*
> *kann der geradeaus denken?*
> *Wer nicht geradeaus denken kann- wozu ist der imstande?*
> *Nichts hat die Sprache im Zeitalter der Computer und der*
> *Atomraketen eingebüßt von ihrem überragendem Rang.*
> Wolf Schneider[31)]

Wie vielfältig sind die Anlässe, die uns die E-Mail nutzen lassen? Wie viele Zielgruppen sind unter den Adressaten? Es würde den Rahmen des Buches sprengen, für jeden Einzelfall die passende Lösung darzustellen. Vielmehr wird auf wesentliche Aspekte fokussiert. Wir werden feststellen, dass bewährte Regeln sowohl aus der klassischen Kommunikation von Angesicht zu Angesicht als auch aus der schriftlichen Kommunikation wesentliche Orientierung geben. Wer es beherrscht, einen Geschäftsbrief stil- und formvollendet auf Papier zu bringen, dem wird es leichter fallen, einen gut strukturierten elektronischen Geschäftsbrief zu verfassen. Wer bereits über Erfahrung in der zwischenmenschlichen Kommunikation und ein Gespür für diesbezügliches Konfliktpotenzial verfügt, wird die Worte in seinen E-Mails mit Bedacht wählen. Die berüchtigten „doch gar nicht so gemeinten" Worte, welche auf Empfängerseite zu fatalen Wirkungen führen können, werden von vornherein gemieden. Jon Perlow, ein Software-Entwickler bei Google, erklärte im Herbst 2008, Google plane, Nutzer seines E-Mail-Dienstes G-Mail vor dem Versand unbedachter E-Mails zu schützen. Dazu ist vorgesehen, eine neue Funktionalität anzubieten. Ist diese aktiv geschaltet, muss der E-Mail-Verfasser fünf einfache Mathematikaufgaben lösen, bevor seine E-Mail versendet wird. Wer daran scheitert, so die Entwickler der Idee, ist in einer unpassenden Geistes- oder Gemütsverfassung. E-Müll soll damit vermieden werden. Ich biete Ihnen auf den folgenden Seiten eine Alternative, die Sie ganz ohne Mathematikaufgaben (weitestgehend) davor bewahrt, E-Mails zu senden, die Sie später bereuen. Mein Tipp: Achten Sie auf Kleinigkeiten, um Abbuchungen vom Beziehungskonto vorzubeugen.

7.1. Deutsche Sprache – schwere Sprache?

In der Anlage erhalten Sie unsere aktuellsten Messeinformationen.

Das Einzigste, was jetzt noch fehlt, ist Ihr Visa.

Kommen Ihnen Formulierungen wie diese bekannt vor? Als Empfänger fragen wir uns: Kann es der Schreiber wirklich nicht besser oder ist er mir, dem Empfänger gegenüber, in seiner Art zu schreiben, einfach nur sehr nachlässig? Welche Antwort wird dem Verfasser wohl besser gefallen? Ich vermute, wir sind uns einig: Gutes Deutsch ist die optimale Lösung:

Beiliegend erhalten Sie unsere aktuellen Messeinformationen.

Das Einzige, was jetzt noch fehlt, ist Ihr Visum.

Auch wenn uns beim Radio hören wiederholt die aktuellsten Verkehrsnachrichten präsentiert werden, ist es unmöglich, das Wort „aktuell" zu steigern. Gleiches gilt für „einzig". Gerade im Marketing neigen einzelne dazu, ihr Angebot durch abenteuerliche Steigerungen als noch wertvoller und überlegen anzupreisen. Da wird die optimale Lösung (welche bereits die beste Lösung darstellt) zur optimalsten Lösung, die ideale zur idealsten, die perfekte zur perfektesten und so weiter. Da macht man Ihnen die „meistbesuchteste Veranstaltung" schmackhaft, obwohl es sich um die am häufigsten besuchte handelt. Ihnen wird versprochen, Sie so stilvollendet in Sachen Kleidung zu beraten, dass Sie zu den bestangezogensten Geschäftsleuten zählen werden. Finger weg, zumindest von solchen Superlativen. Übrigens: Ich persönlich sehe Fehler in (oft zeit- und kostenaufwendigen) Marketingkampagnen wesentlich kritischer als solche, von denen ich annehme, dass sie der Hektik des Geschäftsalltags geschuldet sind.

Aus dem Marketing kommen ebenfalls fragwürdige Anglizismen, die sich bis hin zum „Denglisch", englischen Begriffen, die im Englischen andere Bedeutungen haben, falls es sie dort überhaupt gibt, erstrecken können. Das zunächst im Zusammenhang mit der Fußballweltmeisterschaft, dann bei der Europameisterschaft verwendete „Public Viewing" hieß bis dahin ins Englische übersetzt „Öffentliche Leichenschau". Volvos Spruch „For Life" verwenden englischsprachige Richter, wenn sie vor Gericht das Urteil „lebenslänglich" aussprechen.

Einzahl und Mehrzahl (obiges Beispiel: Visum, Visa) zu unterscheiden, scheint die nächste große Hürde zu sein. Auch hier wird es uns im Alltag schwer gemacht. Sagte doch kürzlich ein Arzt in seiner Praxis zum Patienten: Da hilft nur ein Antibiotika. Wahrscheinlich war das ein Ausrutscher. In einer E-Mail hätte er es sicher richtig geschrieben ;-).

Noch ein stilistischer Hinweis: „In der Anlage", so verrieten mir zahlreiche Workshopteilnehmer, verleitet so manchen Empfänger zum Schmunzeln: „In der Parkanlage?", „In der Grünanlage" oder wo? Auch wenn es kein Fehler ist, überlegen Sie, ob Sie es nicht lieber ersetzen, wenn Sie diese Reaktion beim Empfänger ausschließen wollen.

Wer vor hat, an seinem sprachlichen Stil zu arbeiten, der findet in der Literaturliste zwei Autoren[31), 34)] , die sich leidenschaftlich mit diesem Thema beschäftigt haben. Sie schlagen damit gleich mehrere Fliegen mit einer Klappe: Sie gewinnen sowohl in Ihrer schriftlichen als auch in Ihrer mündlichen Kommunikation größere Sicherheit.

7.2. Flüssiger Schreibstil

Dazu tragen bei:

- Vermeiden Sie Schachtelsätze. Verwenden Sie kurze Sätze. Begrenzen Sie diese möglichst auf maximal acht Worte. Versuche haben ergeben, dass ein Satz mit acht Worten von allen, die ihn lasen, verstanden wurde. An einem Satz mit 25 Worten scheiterte dagegen jeder zweite.
- Verben sind Königsworte. Verwenden Sie diese in ihrer ursprünglichen Form, anstatt sie zu substantivieren. Einfacher und kürzer als:

„Mein Anliegen ist das Durchführen einer Analyse zum Unternehmen XY..."

ist:

„Für das Unternehmen XY analysiere ich..."

Sehen Sie jedoch davon ab, es zu übertreiben, indem Sie aus Substantiven künstliche Verben entstehen lassen.

„Ein Mitarbeiter, der netzwerkt ist der bessere Mitarbeiter." (Zitat Johannes Haus von Xing).

In den Unternehmen wird heftig gepodcastet.

Download und downloaden dagegen sind im aktuellen Duden aufgeführt. Ich favorisiere dennoch das deutsche Wort herunterladen.

- Bevorzugen Sie es, im Aktiv zu formulieren statt im Passiv.

➢ Formulieren Sie direktiv. Wie oft drücken wir etwas aus, was der andere NICHT tun soll. „Komm nicht zu spät." statt „Sei bitte pünktlich." Ersetzen Sie ein „Ich würde Ihnen dies nicht empfehlen." durch ein „Davon rate ich Ihnen ab." Für unser Unterbewusstsein ist das einfacher zu verstehen. Dagegen ist ein NICHT für unser Unterbewusstsein ein unbekanntes Wort. Ich gebe zu, in unserem durch Medien geprägten Alltag wird es uns anders vorgelebt. Wie oft heißt es: „Es ist nicht unumstritten..."? Mein Vorschlag: Testen Sie die Wirkung der direktiven Sprache. Sie wird Sie überzeugen.

7.3. Kurz und auf den Punkt formuliert

Es ist nicht schwer zu komponieren,
aber es ist fabelhaft schwer,
die überflüssigen Noten unter den Tisch fallen zu lassen.
Johannes Brahms

➢ Streichen Sie Füllworte (gar, ja, nun) und sprachliche Weichmacher (eigentlich, eventuell, etwas, ein wenig, ziemlich, man müsste mal...).
➢ Vermeiden Sie Tautologien, wie „winzige Nuancen".
➢ Verwenden Sie möglichst kurze Worte, zum Beispiel „Thema" statt „Thematik" oder „Stuhl" statt „Sitzgelegenheit". Prüfen Sie, inwieweit lange Worte wie „Problemlösungskompetenz" in Ihrer E-Mail unersetzlich sind.
➢ Vermeiden Sie es, ausfernd zu formulieren. Fragen Sie sich, was weiß der Empfänger bereits? Streichen Sie Informationen, die ihm bereits bekannt sind. Ersparen Sie ihm Wiederholungen und unnötige Details. Unterlassen Sie es, vom Thema abzuschweifen.

Einfachheit heißt, das Offensichtliche zu entfernen
und das Bedeutsame hinzuzufügen.
John Maeda[24]: Zehntes Gesetz der Einfachheit–

7.4. Verständlich schreiben

Lassen Sie uns mit einem Beispiel beginnen:

> Anerkennung von Lieferantenerklärungen im Rahmen der Paneuropa-Mittelmeer-Kumulierung
>
> Sehr geehrte Damen und Herren,
>
> für die Ausstellung von Präferenznachweisen EUR_MED oder EUR.1 für Länder, die an der Paneuropa-Mittelmeer-Kumulierung teilnehmen, sind Angaben in den Lieferantenerklärungen für Waren mit Präferenzursprungseigenschaft in der herkömmlichen Form nicht ausreichend. Es muss aus der Lieferantenerklärung zusätzlich hervorgehen, ob bei der Herstellung der Waren aus Vormaterialien aus der Pan-Euro-Med-Zone kumuliert wurde oder die Waren ohne Kumulierung hergestellt worden sind.

Wie bitte? Dieses Schreiben von der IHK Dresden erreichte meine Firma. Zunächst verstand ich gar nichts. Können Sie das nachvollziehen oder wissen Sie, ob bei Ihnen im Unternehmen „bei der Herstellung der Waren aus Vormaterialien aus der Pan-Euro-Med-Zone kumuliert wurde"? Inzwischen habe ich herausgefunden, dass es um das Thema Zoll geht, und es für meine Firma derzeit irrelevant ist.

Der Unterschied zwischen dem richtigen Wort
und dem beinahe richtigen
ist derselbe
wie zwischen einem Blitz und einem Glühwürmchen.
Mark Twain

Warum fällt es vielen von uns so schwer, verständlich zu formulieren?

> Einige wenige vermuten, kompliziert ausgedrückte Inhalte lassen sie/ihn als fachlichen „Überflieger" oder DEN Spezialisten erscheinen, dem andere gedanklich schwer oder gar nicht folgen können. Es bedarf jedoch nur etwas Lebensweisheit, um dieses Spiel zu durchschauen. Schließlich zeichnet sich der wahre Profi durch eine ganz andere Fähigkeit aus: Er oder sie ist in der Lage, selbst komplizierte Sachverhalte mit einfachen Worten verständlich darzulegen.

Eines Tages werden Textautoren, Lehrer, Professoren,
Techniker und Politiker es kaum noch wagen,
sich kompliziert auszudrücken.
Denn Leser bzw. Hörer
werden es sich nicht mehr bieten lassen,
unnötig kompliziert informiert zu werden,
weil sie wissen,
dass Text- und Redengestalter
sie nachlässig behandeln,
sie gar missachten oder
sich nicht die Mühe machen zu lernen,
sich verständlich auszudrücken.
Langer, Schulz von Thun und Tausch[23)]

> Zu viele von uns lesen immer weniger gute Literatur. Dabei ist es erwiesen, dass wir neben unserem Wortschatz auch unseren individuellen Ausdruck durch Lesen wesentlich verbessern können. Erschwerend kommt hinzu, dass wir täglich über diverse Medien, in Bedienungsanleitungen oder mitunter selbst in Lehrveranstaltungen und Vorträgen mit falschem, uns langweilendem und/oder schwer verständlichem Deutsch konfrontiert werden. Überall lauert die Gefahr, dass wir diese Sprache als normal ansehen.

Nehmen Sie die Perspektive des Empfängers ein:

- ➢ Können Sie sicher sein, dass er die von Ihnen verwendete Abkürzungen, Fachtermini oder Fremdwörter sofort versteht? Verwenden Sie eine für ihn verständliche Terminologie. Wenn Sie Zweifel daran haben, substituieren Sie die jeweiligen Begriffe oder erklären Sie sie einmal im Text.
- ➢ Sorgen Sie für eine empfängerbezogene Ansprache und Argumentation. Hinterfragen Sie sich als Führungskraft in der Kommunikation Ihrem Team gegenüber zum Beispiel genügend, inwieweit Ihre Mitarbeiter Ihnen gedanklich überhaupt folgen können? Das setzt voraus, dass Ihre Mitarbeiter über alle notwendigen Daten und Informationen verfügen. Prüfen Sie also potenzielle Wissens- oder Informationslücken, die Ihre Mitarbeiter nicht zu verantworten haben und sorgen Sie dafür, diese zu schließen.
- ➢ Schreiben Sie anschaulich und verständlich. Nutzen Sie durchaus auch Beispiele und die Bildsprache zur Veranschaulichung. Metaphern, wie:
    - Der rote Faden
    - Andere ins Boot holen
    - Mit der Tür ins Haus fallen

    helfen, vom Empfänger schnell verstanden zu werden. Prüfen Sie daher, inwieweit der Einsatz von sprachlichen Bildern dem Zweck Ihrer E-Mail dienen kann.
- ➢ Geht es um Handlungsaufforderungen, wird häufig nur geschrieben, WAS zu tun ist. Wird diese E-Mail an mehrere Empfänger versendet, fühlt sich niemand angesprochen. Im Gegenteil, jeder einzelne Empfänger hofft, einer der anderen Adressaten würde sich um die Angelegenheit kümmern. Das geht im Allgemeinen schief. Ihre E-Mail sollte daher, aus der Sicht des Empfängers, die vier W-Fragen beantworten:

- **Wer?**
  Welche der angeschriebenen Personen (Name) soll handeln?
- **Weshalb?**
  Weshalb werde ich damit betraut? Hier geht es um den Kontext und die Motivation. Mitunter höre ich an dieser Stelle: „Das ist schließlich ihre Arbeit." oder „Dafür werden sie bezahlt." Sicher ist dieses Argument für selbstverständliche Arbeiten, mit dem sich mancher Zeitgenosse wiederholt störend viel Zeit lässt, zutreffend. Mein Vorschlag ist: Probieren Sie dennoch aus, Menschen zum Handeln zu motivieren, insbesondere dann, wenn Ihnen daran gelegen ist, dass die Dinge mit der Zuverlässigkeit und Präzision eines Schweizer Uhrwerkes ablaufen. Dazu ein Beispiel. Wie oft lesen wir in Einladungen zu Veranstaltungen:

Aus organisatorischen Gründen bitten wir um vorherige Anmeldung.

Hand aufs Herz: Welchen von uns terminlich oft fremdbestimmten und häufig unter Zeitdruck stehenden Menschen motivieren „organisatorische Gründe" des Veranstalters, sich festzulegen. Um wie viel bequemer ist es für uns, den Termin erst einmal näher kommen zu lassen. Wie aber würden wir reagieren, wenn in der Einladung stände:

Auf dem historischen Dampfer, auf dem wir Sie an diesem Abend begrüßen, stehen maximal 80 Plätze zur Verfügung. Diese werden entsprechend eingehender Anmeldungen vergeben. Sichern Sie sich Ihren Platz. Füllen Sie dazu das beiliegende Faxformular aus und senden es an 0351 123456789.

oder

> Um sicher zu stellen, dass jedem Teilnehmer an diesem Tag eine Mappe mit den Vortragsunterlagen zur Verfügung steht, ist eine Anmeldung bis spätestens ... erforderlich.

- **Wann?** Nennen Sie konkrete Termine. Definieren Sie präzise, bis zu welchem Zeitpunkt die Dinge zu erledigen beziehungsweise fertig zu stellen sind.
- **Wie?**
  Wie soll ich die Dinge angehen? Beispiel: Besser als

> Sollte es Neuigkeiten geben, lassen Sie mich das sofort wissen.

ist:

> Sollte es Neuigkeiten geben, rufen Sie mich sofort an unter Tel.: 0173 123456789.
> Ich bin rund um die Uhr erreichbar.

7.5. Beugen Sie Konflikten vor

- Ursachen für Konflikte können widersprüchliche Erwartungen seitens der Empfänger und der Absender sein. Drücken Sie daher Ihre Erwartungen verständlich aus. Sichern Sie ab, wie in Kapitel 3 im Zitat von Michael Birkenbihl[3] gefordert, dass der Empfänger Sie richtig verstanden hat. Während Sie das prüfen, kann es vorkommen, dass Sie erkennen, die von Ihnen gerade bearbeitete E-Mail erweist sich für den von Ihnen verfolgten Zweck als ungeeignet oder suboptimal.
- Unterlassen Sie Schuldzuweisungen.
- Benennen Sie Fakten. Vermeiden Sie Bewertungen von Personen. Konzentrieren Sie sich auf die inhaltlichen Fakten, Ihre eigenen Beobachtungen und konkrete Handlungen anstatt auf Ihre persönlichen Interpretationen derselben![7]
- Trennen Sie Vorgänge und Personen voneinander.[8]
- Bleiben Sie hart in der Sache, jedoch nicht der Person gegenüber.[9]
- Sollten Sie selbst eine E-Mail erhalten, die Sie ernsthaft verärgert und Ihren Puls nach oben treibt, bedenken Sie am besten in Ruhe, was zu tun ist. Sofort, unüberlegt und impulsiv im Sinne von „Na warte" zu antworten, stellt mit hoher Wahrscheinlichkeit die falsche Reaktion dar.[11] Was halten Sie von einem klärenden persönlichen Gespräch, zum Beispiel beim Kaffee? Ein offenes Feedback[8] kann helfen, weiteren Missverständnissen vorzubeugen.

*Würde ich mich dazu entschließen,
jegliches Verhalten kommentarlos zu akzeptieren,
würde ich mich selbst erniedrigen,
mir Nahestehenden die Möglichkeit nehmen,
zu erkennen,
welche Gedanken und Gefühle ihr Verhalten
bei mir auslöst
und ihnen damit möglicherweise den Weg verbauen,
Änderungen an ihrem Verhalten vorzunehmen.
Würde ich mich dazu entschließen,
mit jedem, der sich mir gegenüber unpassend verhält,
zu brechen,
stünde ich bald ohne Freunde und Verbündete da."*
Abe Wagner,
in seinem Buch: The Transactional Manager

Dadurch schützen Sie sich und andere vor unangenehmen Situationen. Sie helfen Ihrem Gegenüber, fahrlässig begangene verbale Fehltritte zukünftig zu vermeiden. Sicher gibt es auch Zeitgenossen, die vorsätzlich unhöfliche E-Mails absenden. Aber glauben Sie, sie lassen sich mittels einer E-Mail zum Umdenken bewegen?

*Führung durch Personen
ist im wesentlichen Kommunikation.
Wenn Kommunikation unterstützt wird
durch elektronische Medien, dann ist das eine Hilfe.
Wenn sie aber ersetzt wird durch elektronische
Medien, dann liegt dort eine Gefahr,
denn menschliche Kommunikation ist nicht nur
Übermittlung von Sachaussagen,
sondern sie transportiert zwischenmenschliche
Bindung.*
Lutz von Rosenstiel, dt. Wirtschafts-Psychologe,
Professor am Institut für Organisations-Psychologie,
München

- Antworten Sie fachlich fundiert. Bieten Sie Lösungen an, anstatt ausschließlich Probleme anzusprechen. Das wurde bereits im Kapitel 5.4. an zwei Beispielen erläutert.
- Stellen Sie für häufig gestellte Anfragen Textbausteine oder auch fertige E-Mail-Vorlagen zusammen, die Sie vor dem Versand jedoch sorgfältig personalisieren. Überlegen ist nicht derjenige, der sich die Mühe macht, tatsächlich jede E-Mail einzeln zu beantworten. Das ist häufig, insbesondere bei Massenware und hohen Stückzahlen schon aus Effizienzgründen ausgeschlossen. Analog zur Personalisierung von Serien-E-Mails geht es jedoch primär darum, mit welchen Augen der Empfänger die Antwort betrachtet. Fühlt er sich zuvorkommend behandelt und ist er der Meinung, dass auf seine Fragen individuell eingegangen wurde? Falls ja, warum sollte er Sie dann wegen eines verwendeten Textbausteins, den er möglicherweise noch nicht einmal als solchen erkennt, oder der von Ihnen verwendeten Technologie zum E-Mail-Versand kritisieren? Zur Verdeutlichung: Was zählt, ist die Zufriedenheit des Empfängers! Wem dies mit minimalem Aufwand, aber dennoch überzeugend gelingt, der hat einen entscheidenden Wettbewerbsvorteil.
- Unterlassen Sie es jedoch, jedem Anfragenden dieselbe E-Mail, in der Sie alle häufig gestellten Anfragen aufgelistet haben, zu senden. Einerseits ist es unhöflich, vom Empfänger zu verlangen, dass er sich aus Ihrer langen Liste die Antworten raussucht, die für ihn in Frage kommen. Zum anderen ist es in der Praxis passiert, dass der Anfragende zwar eine lange Liste von aneinander gereihten Antworten erhielt, die Antwort auf genau seine Frage jedoch fehlte.

7.6. Innerbetriebliche Kommunikation

Wie viele E-Mails werden innerhalb des eigenen Unternehmens, sei es innerhalb von Projektteams, zwischen Kollegen innerhalb derselben oder zwischen unterschiedlichen Niederlassungen und Abteilungen oder zwischen einer Führungskraft und den Mitarbeitern und so weiter geschrieben? Wie oft korrespondieren in großen Unternehmen Kollegen miteinander, die sich noch nie persönlich kennen gelernt haben? Das ist ungleich anspruchsvoller als die Kommunikation mit einem vertrauten Kollegen. Allerdings habe ich bereits viele Menschen kennen gelernt, denen es scheinbar mühelos gelingt, E-Mails zu verfassen, die deutlich machen, wie freundlich, angemessen und respektvoll sie mit anderen umzugehen verstehen. Für diejenigen, die sich (noch) unsicher fühlen, empfehle ich, die bisherigen Schwerpunkte aus Kapitel 7 zu beherzigen. Ich untersetze dies noch mit einigen Beispielen:

Von: gerhard.mueller@firmaxy.de
An: peter.admin@firmaxy.de
Betreff: Anfrage

Sehr geehrter Herr Admin,

Ich habe folgende Anfrage an Ihre Abteilung: ....

Ich hoffe, recht bald wieder von Ihnen zu hören.
Schließlich eilt die Sache.

Viele Grüße

Gerhard Müller
.....

Versetzen Sie sich in die Position von Peter Admin. Wie würden Sie an seiner Stelle mit dieser Anfrage umgehen? Wie würde Ihre Antwort aussehen?

Von: peter.admin@firmaxy.de
An: gerhard.mueller@firmaxy.de
Betreff: Re: Anfrage

Sehr geehrter Herr Müller,

Ihre Anfrage hat uns erreicht. Da wir sie so ausführlich wie möglich beantworten wollen, bitten wir Sie noch um etwas Geduld.

Viele Grüße

Peter Admin
......

Sie gefällt Ihnen nicht? Da haben wir etwas gemeinsam. Das Grundübel besteht in der mangelnden Präzision und Zielführung. Wo ist die Lösung, die angeboten wird? Die Formulierung „Da wir sie so ausführlich wie möglich beantworten wollen" könnte als vorwurfsvoll gewertet werden. Was bedeutet „etwas Geduld"? Sind das Stunden, Tage, Wochen? Ähnlich ist es mit:

...Ihren Ausführungen können wir nicht folgen, da sie nur ein unklares Bild wiedergeben....

Zielführender wäre eine konkrete Auflistung der Daten und Informationen, die Sie benötigen, damit Sie sich ein Bild machen können, auf dessen Basis Sie entscheiden oder handeln können. Benennen Sie konkret, bis wann und wie (per E-Mail, per Brief, telefonisch unter der Nummer... und so weiter) Sie diese Daten erwarten. Hören wir damit auf, zu erklären, was nicht geht. Lassen Sie uns Lösungen anbieten. Als ein Mitarbeiter höflich darauf hinweist, dass seine Reisespesen noch nicht überwiesen wurden, erhielt er die folgende Antwort:

Von: ina.buchhaltung@firmaxy.de
An: peter.schulz@firmaxy.de
Betreff: Spesenabrechnung

Sehr geehrter Herr Schulz,

wie wir Ihnen bereits mitgeteilt haben, fehlen uns noch immer notwendige Angaben zu Ihrer Spesenabrechnung 11/200X. Erst dann können wir den Vorgang zügig beantworten.

Viele Grüße

Ina Buchhaltung
.....

Da sitzt er nun der arme Thor und ist so klug als wie zuvor. Was halten Sie von einer Alternative wie dieser:

Von: ina.buchhaltung@firmaxy.de
An: peter.schulz@firmaxy.de
Betreff: Spesenabrechnung

Sehr geehrter Herr Schulz,

uns fehlen noch folgende Daten und Unterlagen zu Ihrer Spesenabrechnung 11/200X:

1. ...
2. ...
3. ...

Bitte senden Sie uns diese mit der Hauspost zu.

> Sobald sie uns hier in der Buchhaltung vorliegen, wird die Überweisung auf Ihr Konto innerhalb von zwei Werktagen erfolgen.
>
> Viele Grüße
>
> Ina Buchhaltung
> .....

Schneller als einem lieb ist, kann es zu einer Abbuchung auf dem Beziehungskonto kommen. So war eine Chefsekretärin unangenehm berührt, als sie von einem Mitarbeiter im Unternehmen eine E-Mail erhielt, die mit den Worten begann:

> Da ich Sie telefonisch nicht erreichte, schreibe ich diese E-Mail.

Sie empfand die Aussage als Vorwurf, sie würde sich zu wenig am Schreibtisch aufhalten und arbeiten. Ich habe dieses Beispiel in vielen Workshops diskutiert. Etwa die Hälfte der Workshopteilnehmer, übrigens vorrangig Frauen, sagten, auch sie hätte ein solcher Satz verärgert. Für die anderen 50% war eine Bemerkung wie diese unkritisch. Fazit: Was gut ankommt, entscheidet der Empfänger. Wir sind daher gut beraten, vorher zu überlegen, mit wem wir aktuell kommunizieren. (Schließlich: Wer will es sich schon mit der Chefsekretärin verderben ;-)?)

7.7. Der elektronische Geschäftsbrief

Entspricht Ihre E-Mail einem elektronischen Geschäftsbrief, zum Beispiel an Kunden, Auftraggeber oder Geschäftspartner, so gelten die aus der geschäftlichen Briefkorrespondenz[40] bekannten Empfehlungen. Hier ist die „rechte Hand" vom Chef, hier sind die Sekretärinnen und Büroassistentinnen meist sehr versiert. Schließlich ist das ein typischer Bestandteil ihrer Ausbildung sowie Ihres Berufsalltages. Was aber, wenn elektronische Geschäftsbriefe von anderen verfasst werden? Hinzu kommt, dass gerade in diesem Fall das aus der Briefpost übliche Vier-Augen-Prinzip entfällt? Da fehlen die kritisch prüfenden Augen des Chefs bei der Durchsicht der Postmappe. Inwieweit ist uns bewusst, welche Herausforderung dieser Umstand unter Qualitätsgesichtspunkten darstellt? Dazu folgen zwei authentische Beispiele: Das erste ist die Antwort-E-Mail eines (kleinen) Unternehmens auf eine geschäftliche Anfrage. Im zweiten Beispiel kontaktiert eine kleine Firma eine frühere Kundin. Die Namen wurden verändert.

Von: Christian Mustermann
An: regionalmanager@....de
Betreff: AW: Ausschreibung 650 Jahre Eschenbach

Sehr geehrter Herr Edenhard,

ich bestätige Ihnen den Eingang Ihrer E-Mail. Ich muss Ihnen aber mitteilen, dass wir für Dienstleistung der Art, wie Sie von Ihnen gewünscht wird, schlichtweg überqualifiziert sind.

Diese Art der Dienstleistung wird Ihnen mit Sicherheit ein Repro- oder Druckvorlagen-Studio liefern können.
Unser Spezialgebiet ist die Gestaltung von Logos und Firmenauftritten. Wir sind keine Weiterverarbeiter von mangelhafter Ware.

Im Übrigen ist ja eigentlich der „Gestalter" des Logos dafür zuständig, dass dieses in den gewünschten Formaten vorliegt; zumindest ist das bei uns gängige Geschäftspraxis.

Ein gestalterisches Gutachten zu Ihrem sog. „Logo" will ich Ihnen an dieser Stelle ersparen.

Mit freundlichen Grüßen

Christian Mustermann
Agentur für Ideen

Von: Andreas Mustermann
An: krause@abc.de
Betreff:

Sehr geehrte Frau Krause,

leider verweigern Sie mir, seitdem Sie bei mir Messmer-Produkte im Jahre 2003 kauften, den telefonischen Kontakt zu Ihnen. Das macht mich nachdenklich. Waren die Produkte schlecht oder war ich Ihnen kein angenehmer Geschäftspartner? Oder denken Sie, dass ich, nur weil ich nicht mehr für Messmer arbeite, keine guten Produkte mehr führe ?
Letzteres kann ich Ihnen so beantworten: Früher hatte ich Messmer-Produkte, jetzt habe ich bessere Produkte.
Und davon würde ich Sie gerne überzeugen. Nur müßten Sie es schon zulassen.
Kann es Ihnen schaden ???
Übrigens muß ich Sie davor warnen, Laserpointer/Kugelschreiber-Kombinationen von Messmer zu kaufen. Denn von denen funktioniert nur jeder 4. Das mußte auch die Linde-KCA Dresden feststellen und ist jetzt sehr enttäuscht.

Wenn Sie dieses Produkt bereits gekauft haben, bitte ich Sie, diese vor dem Verschenken mehrmals zu prüfen und auch mal auf- und wieder zusammenzuschrauben. Wenn er dann noch funktioniert, können Sie ihn verschenken. Denn nichts ist doch peinlicher, als ein vermeintlich hochwertiges Produkt zu verschenken, welches dann nichts taugt.
Wenn Sie schon nicht mit mir telefonieren möchten, so bitte ich Sie, mir wenigstens auf diese E-Mail zu antworten.

Mit Dank und freundlichen Grüßen

Andreas Mustermann

Mustermann Werbung mit Niveau
Signatur

Wer hier Lücken erkennt, findet vielfältige Möglichkeiten, diese zu schließen. Auf dem Buch- und Seminarmarkt sollte sich für jeden etwas finden lassen. Sicher ist auch der Erfahrungsschatz der versierten Sekretärin eine wahre Fundgrube.

7.8. E-Mails im Marketing

Kürzlich bestellte ich einen Newsletter von hotel.de ab. Ich erinnere mich nicht, ihn je abonniert zu haben. Der Inhalt, das konnte ich den ersten Ausgaben entnehmen, war für mich zu wenig relevant. Aus diesem Grund bestellte ich ihn ab. Als Antwort erreichte mich folgende E-Mail:

Von: info@hotel.de
An: service@webgold.de
Betreff: Abbestellung erfolgreich
Sehr geehrter hotel.de-Kunde,
wir haben Ihre Abmeldung erhalten und werden die E-Mail-Adresse "service@webgold.de" sobald wie möglich aus dem Newsletter-Verteiler nehmen.
Sollte es zu einer Überschneidung kommen, bitten wir um Ihr Verständnis.

Mit freundlichen Grüßen
Ihr hotel.de-Team

Telefon, kostenfrei per Freecall 24 Stunden täglich aus dem jeweiligen Land:
Argentinien: 0800-6662841
Australien: 1800-197134
Belgien: 0800-72937
Brasilien: 0800-8919967
China Norden: 108007490072
China Süden: 108004900060
Dänemark: 80889300
Deutschland: 0800-4000450
Finnland: 0800-914430
Frankreich: 0800-910355
...weitere 25 Länderaufzählungen
Aus allen weiteren Ländern können Sie uns gebührenpflichtig unter der Rufnummer +49-911-5983267 erreichen.

Bitte geben Sie Ihre hotel.de-Kundennummer 1234 an!

Fax: +49-911-5969-9596
E-Mail: info@hotel.de
hotel.de AG - hotel.de

Vorstand: Dr. Heinz Raufer (Vorstandsvorsitzender),
Reinhard Wick, Torsten Sturm
Aufsichtsratsvorsitzender: Dr. Stefan Morschheuser
HRB 22864, Amtsgericht Nürnberg

> Was glauben Sie, wie ich mich, angesprochen als „hotel.de-Kunde", fühle? Wie würde es Ihnen gehen?
> Was bedeutet „so bald wie möglich"? Sind das Stunden, Tage, Wochen?
> Was soll ich mir unter einer „Überschneidung" vorstellen, für die ich Verständnis aufbringen soll?
> Was habe ich von der Liste mit 35 Ländervorwahlen im Zusammenhang mit einem Newsletter-Storno?

Der folgende Newsletter der Frankfurter Buchmesse erreichte uns ebenfalls, ohne dass wir ihn abonniert haben. Was ist von der Anrede
„Guten Tag service@webgold-akademie.de" zu halten? Verlässt man sich hier allein auf die Technik? Ein prüfender Blick zweier Augen hätte genügt, um den Fauxpas zu erkennen, der vermutlich durch ein falsches Datenbankfeld verursacht wurde. Schade!

Von: Frankfurter Buchmesse <newsletter@book-fair.com>
An: service@webgold-akademie.de
Betreff: Branchen-Umfrage: Die größten Herausforderungen für die Verlagsbranche

Frankfurter Buchmesse 2007: 10.- 14.10.2007

Branchen-Umfrage: Was sind aktuell die größten
Herausforderungen für die Verlagsbranche?

Guten Tag service@webgold-akademie.de,

die Frankfurter Buchmesse als globaler Treffpunkt der
Buch- und Medienwelt ist ein Barometer für Veränderungen
in der Branche. Im Vorfeld der Messe wollen wir
herausfinden, was die Buchwelt beschäftigt und wie die
Verlagsindustrie weltweit von den Leuten gesehen wird, die
in der Branche arbeiten.

Daher senden wir Ihnen mit dieser E-Mail eine
internationale Brachenumfrage in englischer Sprache, die
an alle 35.000 internationalen Newsletter-Abonnenten
verschickt wird!

Wenn Sie zu den Newsletter-Lesern gehören, die in der
Buchbranche arbeiten, würden wir uns freuen, wenn Sie 2
bis 5 Minuten aufwenden, um an der kurzen Online-
Umfrage teilzunehmen.

...

Lassen wir den zweiten Absatz in Ruhe auf uns wirken. Dieser Newsletter erreicht 35.000 Empfänger. Jeder von Ihnen wird um 2 bis 5 Minuten (siehe Absatz drei) seiner Zeit gebeten. Das entspricht im Minimalfall einem Gesamtzeitaufwand von insgesamt fast 50 Tagen. Im ungünstigsten Fall sind es sogar über 120 Tage Arbeitszeit, die mittels einer einzigen Serien-E-Mail erfragt werden.
Hinzu kommt: Die Umfrage erfolgt für alle in Englisch, ohne Rücksicht darauf, ob dies für manchen Empfänger weitere Zeit in Anspruch nimmt.

Was den sprachlichen Stil betrifft, so gelten bei der E-Mail für Marketingzwecke die aus dem klassischen Marketing bekannten Empfehlungen. Vorsicht ist jedoch auch hier geboten: Anders sieht es aus, was die Logistik im Direktmarketing betrifft. Die ersten zwei Auflagen des E-Mail-Knigge beinhalteten zwei zusätzliche Kapitel, eines zum Thema E-Mail-Permission-Marketing und eines zu den Erfolgsfaktoren von Newslettern. Sehr viel hat sich hier verändert. Einerseits haben einige E-Mail-Versender offensichtlich sämtliche Skrupel verloren, verfügbare E-Mail-Adressen rücksichtslos für vermeintliche Marketingzwecke zu missbrauchen. Das erfordert ein Umdenken. Andererseits sind inzwischen neue Online-Marketing-Werkzeuge verfügbar, die Alternativen zum E-Mail-Newsletter bieten. Es würde den Rahmen dieses Buches sprengen und vom eigentlichen Thema ablenken, darauf näher einzugehen.

Um die gewünschte Wirkung zu erzielen, ist es wichtig, dass der Absender seinen Empfänger und seine aktuellen Bedürfnisse kennt: Wo drückt ihn der Schuh? Welchen Nutzen hat er, wenn er das Angebot annimmt? Welchen Vorteil generiert ihm Ihr Produkt? Viel zu oft lesen wir selbstverliebte Wir-Darstellungen und/oder die Aufzählung von Produktmerkmalen. Dabei interessiert den potenziellen Anwender: „Was habe ich davon?" Letztlich geht es erneut darum, sich in die Perspektive seines Gegenübers zu versetzen anstatt ausschließlich in der eigenen zu verharren. Wenn das Marketing eines Unternehmens bereits in diesem Punkt, also in einer Phase, die dazu dient, Sie als Kunden für ein Produkt oder eine Dienstleistung zu gewinnen, versagt, wie erst wird dieses Unternehmen Ihre Belange berücksichtigen, wenn es Sie als Kunden gewonnen hat? Nutzen Sie solche Beobachtungen als praktikable Orientierung, um für sich geeignete Anbieter herauszufiltern. Die folgenden authentischen Formulierungen einer Münchner Grafikdesignerin an einen potenziellen Auftraggeber stehen exemplarisch dafür:

Sehr geehrte Damen und Herren,

gerade im Bereich Werbung und Informationsmittel ist der richtige Zeitpunkt oft entscheidend für den Erfolg. Der Termin einer Veranstaltung steht fest und die Broschüren, die dort verteilt werden sollten, nützen nichts mehr, wenn sie später geliefert werden. Beispiele dieser Art lasen sich viele finden.

Oft wird in der Planung nicht genügend Zeit für die Ausarbeitung und Produktion der Kommunikationsmittel vorgesehen. Aus diesem Grund arbeiten viele Grafiker, Reprofachleute und Druckereien oft unter enormem Zeitdruck. Und das kostet Geld.

Während einer Phase vollständiger Auslastung ist es oft nicht möglich, sich um Folgeaufträge zu bemühen. Konkret heißt das, nach einer Zeitspanne mit viel Arbeit und Verdienst folgt meistens eine Flaute. Bis das nächste supereilige Projekt kommt.

Diese Zeit der Flaute könnte für Sie gespartes Geld sein! Denn: Falls Sie jemand sind, der längerfristig plant und auf den Entwurf eines Kommunikationsmittels auch ein wenig warten kann, erhalten Sie bei mir Sonderpreise.

Sie erhalten 1a Qualität zu einem niedrigen Preis, wenn Sie etwas Geduld mitbringen und mir erlauben, Ihren Auftrag dann zu bearbeiten, wenn sich eine Lücke abzeichnet und keine dringenden Terminsachen zu erledigen sind.
Wenn Sie mit etwas Zeit geben, sparen Sie also Geld. Wer längerfristig plant, wird von mir belohnt! Das Angebot wird 20% günstiger, wenn eine übersichtliche Zeitplanung oder kein fester Endtermin feststeht.

Probieren Sie es einfach aus.
Ich erstelle Ihnen gern ein unverbindliches Angebot.

Mit freundlichen Grüßen

Name

7.9. E-Mail-Bewerbungen

Bewusst lasse ich dieses Kapitel dem zum Marketing folgen. Was denken Sie? Wie kommt ein individuell auf den potenziellen Arbeitgeber zugeschnittenes Anschreiben im Vergleich mit einer unpersonalisierten Serien-E-Mail an? Können Sie sich vorstellen, wie sich Ihre Chancen, zum Vorstellungsgespräch eingeladen zu werden, erhöhen, wenn der potenzielle Arbeitgeber Ihr Motiv erkennt und aus Ihrer Bewerbung eine gewisse Leidenschaft spricht? Machen Sie deutlich, aus welchen Gründen Sie für dieses Unternehmen tätig sein wollen? Das setzt voraus, dass Sie sich als Bewerber zuvor mit dem Unternehmensgegenstand auseinander gesetzt und über Synergien nachgedacht haben. Das ist heute wesentlich einfacher als es noch Anfang der Neunziger Jahre und früher war. Wenige Mausklicks im Internet genügen. Auch der Name des Personalverantwortlichen oder der Ansprechperson für diese Stelle lässt sich entweder dort oder über einen Anruf ausfindig machen. Mit einem geringen Aufwand kann große Wirkung erzielt werden! Investieren Sie sowohl Zeit als auch Überlegungen in die Bewerbung, wenn Ihnen Solidität und Nachhaltigkeit wichtig sind.

Achten Sie bei der Bewerbung unbedingt auf korrektes Deutsch und formulieren Sie sorgfältig. Nutzen Sie dazu die Tipps aus diesem Buch, auch die über Anlagenformate und –größen. Analog zum elektronischen Geschäftsbrief gelten auch für die E-Mail-Bewerbung die Empfehlungen für klassische Bewerbungsunterlagen auf Papier. Welche Bewerbung ist zu bevorzugen? Beantworten Sie diese Frage aus Empfängersicht. Elektronische Bewerbungen ersparen dem Empfänger die erschreckend häufig auftretenden Gerüche von Pommes-Fett oder Zigarettenrauch beim Öffnen des Briefumschlages. Auch Eselsohren, Kaffee- oder Fettflecken auf dem Papier, Handschriftliches auf kleinkarierten, schon vergilbten Bögen oder das mit einer Büroklammer angeheftete Bewerberfoto erübrigen sich. Die Gefahr, dass andere Fauxpas, wie fehlerhaftes Deutsch oder veraltete Texte wie:

> „Ich könnte bereits zum ersten Juni 2007 beginnen"
> stand in einer Bewerbung von September 2007

unterlaufen, ist sowohl elektronisch als auch auf Papier gegeben.
Wenn der potenzielle Arbeitgeber eine elektronische Bewerbung wünscht, orientieren Sie Ihr Vorgehen daran. Oft erbitten große Unternehmen aus logistischen Gründen Bewerbungen in elektronischer Form. Praktikumsstellen beispielsweise werden von ihnen zunehmend über eine Internetplattform ausgeschrieben. Hier sind Bewerbermasken auszufüllen. Darin filtert das Unternehmen, welche Daten und Informationen in der ersten Phase interessieren und wie diese zu strukturieren sind. Könnte Ihnen eine Recherche solcher Bewerbermasken Anregungen vermitteln, inwieweit Sie Ihre Bewerbung bereits optimal aufgebaut haben? Prüfen Sie es. Stehen Bewerbermasken, wie eben beschrieben, zur Verfügung, nutzen Sie diese anstatt die Bewerbung mittels E-Mail abzusetzen. Das hat logistische Gründe. Durch die Eingabe der Daten in die Bewerbermaske werden diese (automatisch) in einer Datenbank gespeichert. Wenn Sie sich dagegen mittels E-Mail bewerben, sind diese Daten manuell in die Datenbank zu übertragen. Das kostet zusätzlich Zeit. Demnach widerspricht diese Vorgehensweise der E-Mail-Knigge-Empfehlung: Vermeiden Sie es, dem Empfänger Ihrer E-Mail Zeit zu rauben.
Wovon ich Ihnen abrate, ist der Versand elektronischer Bewerbungen ohne vorherige Abstimmung mit dem Unternehmen. Warum? Die Aufbewahrung von Bewerbungsunterlagen in Unternehmen unterliegt gesetzlichen Regeln. Schließlich stecken Bewerbungen voller persönlicher Daten. Die sichere Aufbewahrung elektronischer Bewerbungen

stellt in ihrer praktischen Umsetzung, gegenüber der klassischen Bewerbungsmappe, eine noch anspruchsvollere Herausforderung dar. Können Sie sicher sein, dass das Unternehmen, bei dem Sie sich bewerben, dafür gerüstet ist? Bringen Sie einen potenziellen Arbeitgeber mit Ihrem Vorgehen möglicherweise in Verlegenheit? Aufgrund meiner Erfahrungen weiß ich, dass die meisten kleinen Unternehmen aktuell weder über die dafür erforderliche technische Infrastruktur noch über das Bewusstsein, wie behutsam mit solchen Daten umzugehen ist, verfügen.

Eine elektronische Bewerbung setzt darüber hinaus ein Mindestmaß an technischer Kompetenz voraus. Vier oder fünf Anlagen, noch dazu in verschiedenen Dateiformaten, wirken mehr wie eine Sammlung loser Blätter als eine in sich stimmige Bewerbungsmappe. Bei wem weckt das Lust, diese zu lesen? Das Bewerberfoto in MByte-Größe beeindruckt ausschließlich dadurch, dass es beim Empfänger viel Speicherplatz belegt. Was, wenn daraus auf Ihre Art, mit betrieblichen Ressourcen umzugehen, geschlossen wird? Ist das der Eindruck, den Sie hinterlassen wollen? Das kann Ihre Einsparung an Porto, teuren Bewerbungsmappen, Fotos und Kopien schnell zunichte machen. Ist es Ihnen das Wert?

Fazit: Eine Bewerbung sagt über den Bewerber viel aus. Es ist wie eine Verpackung, in der Sie Ihre Arbeitskraft, Ihre Kompetenz und Ihren Erfahrungsschatz anbieten. Wie verpacken Sie ein Geschenk an einen Ihnen besonders wichtigen Menschen? Was halten Sie davon, bei Ihrer Bewerbung analog vorzugehen?

7.10. E-Mails im Kundenservice

Immer häufiger nutzen Kunden, neben dem Telefon, das einen klassischen, synchronen Kommunikationskanal darstellt, die E-Mail für ihre Anfragen, Hinweise, Reklamationen und so weiter. Sie haben dafür unterschiedliche Motive:

- Ein Vorteil ist zweifellos die zeitliche Unabhängigkeit. Wenn sie zum Beispiel am Wochenende eine Frage bewegt und sie keine Lust oder keine Möglichkeit haben, diese erst am nächsten Werktag zu stellen, verfassen sie eine E-Mail. Auch wenn sie sich im Ausland aufhalten, insbesondere mit großer Zeitverschiebung zum Heimatland, oder aber ihr Zielpartner seinen Sitz im Ausland hat, bietet der E-Mail-Versand Vorteile.
- Der Erfahrung, dass der Ansprechpartner gerade leider nicht erreichbar ist, dass man es bitte später erneut versuchen soll, entgeht man durch eine E-Mail, genauso wie
- der freundlichen Stimme, die sagt: „Danke für Ihren Anruf. Ihr Anliegen nehmen wir sehr ernst. Leider sind zur Zeit alle Leitungen belegt. Aber Ihr Anruf ist sehr wichtig für uns. Bitte legen Sie deshalb nicht auf. Wir informieren Sie in der Zwischenzeit über Neuigkeiten unseres Hauses..."
- Lieber eine E-Mail schreiben, als auf einen Anrufbeantworten sprechen.

Aus Sicht des Anfragenden bietet die E-Mail einen großen Vorteil: Er hat die Sache vom Tisch! Nun liegt sie auf Ihrem Schreibtisch im Kunden-Service-Zentrum.
Aber auch für Sie selbst stellt die E-Mail-Kommunikation eine Möglichkeit dar, reibungsarm zu kommunizieren:

- Kein Faxgerät, dem das Papier ausgeht,
- keine oder eine geringere Papierablage,
- fertige Textbausteine für häufig gestellte Fragen.

➤ Sie entscheiden, wann Sie die E-Mail beantworten.

Lassen Sie Ihren Kunden Ihre Fürsorge spüren

Es klopft an der Tür und wir öffnen.
Das Telefon klingelt und wir heben den Hörer ab.
Eine E-Mail-Nachricht erreicht uns und wir....

Mein amerikanischer Kollege Jim Sterne[35)] beschreibt folgendes Erlebnis mit einem Kunden-Service-Zentrum in Nordamerika: Seine Frau hatte ihm zum Hochzeitstag eine Digital-Kamera Olympus 320L geschenkt. Er war über dieses „wunderbare Spielzeug" überglücklich. Störend war nur das Piepgeräusch nach jeder Bildaufnahme und jeder neuen Einstellung. Auf der Olympus Webseite fand er ein passendes Webformular für seine Anfrage: „Was bitte ist zu tun, um den Piepton an meiner Olympus 320L abzustellen?" Die Antwort kam per E-Mail am nächsten Tag:

Seite 98 Bedienungsanleitung

Jim Sterne, geschockt und wie betäubt, ergänzte lediglich:

„Das ist jetzt ein Scherz, oder?"

und sendete die E-Mail zurück. Die Antwort kam unverzüglich:

Ganz im Ernst mein Herr: Auf der Seite 98 im Bedienerhandbuch wird die „Einstellung des Piep-Geräusches" erklärt. Gern können Sie mich aber auch telefonisch unter 1-800-622-6372 erreichen.

Zum Glück fand die Geschichte dann doch noch ein gutes Ende.

Eine Anfrage, ein Hinweis oder die Beschwerde eines Kunden sollte, wird sie per E-Mail übermittelt, genauso behandelt werden, als würde er diese am Telefon oder persönlich vortragen. Vom Telefonieren ist uns bekannt, dass die Stimme, ihre Melodie, die Aussprache sowie die Betonung einen ganz wesentlichen Einfluss auf das Wohlwollen am anderen Ende der Leitung haben. Werden die zwar richtigen Worte im unpassenden Ton geäußert, hinterlassen diese einen negativen Eindruck. Andererseits gelingt es über die Betonung, bewusste Pausensetzung und so weiter wesentlich einfacher, Botschaften verständlich zu vermitteln als in der schriftlichen Kommunikation. Um so wichtiger sind hier – also auch beim E-Mailen – Fähigkeiten und Fertigkeiten im Texten.

Behalten Sie dabei immer die Position Ihres Gegenübers im Blick. Erleichtern Sie bitte ihm und nicht vorrangig sich selbst das Leben. Wie schwer das offensichtlich umzusetzen ist, zeigen zwei Beispiele. Das erste kommt aus Deutschland. Es wurde 2006 in einem Blog publiziert.

> Gestern habe ich im Online-Shop von MarktXY (Name im Buch geändert) einen Drucker bestellt: Auftragswert knappe 300 Euro. Die Auswahl des Druckers erfolgte im Netz, auch die Zusammenstellung des Zubehörs und die Berechnung der Versandkosten. Dann habe ich die Bestellung ausgedruckt, die Kreditkartendaten eingetragen, meinen Stempel aufgedrückt, unterschrieben und per Fax an MarktXY übermittelt. Vor ein paar Wochen oder Monaten habe ich schon einmal dort online eingekauft.
>
> Heute Morgen bekomme ich eine E-Mail, ohne Gruß und Anrede:
>
> Um die Sicherheit bei Kreditkartenzahlungen in unserem Shop zu erhöhen führen wir gelegentlich Sicherheitsabfragen durch.

Wir möchten Sie daher bitten uns innerhalb von 7 Tagen nach Erhalt dieser E-Mail, eine gut leserliche Kopie Ihres Personalausweises zu senden. Bitte faxen Sie die Unterlagen unter Angabe der Auftragsnummer an 030 78... oder als pdf-Datei an finance@marktxy.de.

Sollte diese Abfrage nicht in Ihrem Sinne sein, können Sie die Zahlungsform auf Nachnahme oder Vorkasse ändern. Bei Änderung auf Vorkasse überweisen Sie den Rechnungsbetrag auf unser Konto der Bank ...

Kontoverbindung...

Als Verwendungszweck geben Sie bitte folgendes an:

...

Im Sinne einer zügigen elektronischen Verarbeitung bitten wir Sie, diese Schreibweise einzuhalten, am besten kopieren Sie den Verwendungszweck aus der E-Mail in den Überweisungsbeleg.

Sobald der Zahlungseingang erfolgt und die Ware auf Lager vorrätig ist, veranlassen wir eine Freigabe Ihrer Bestellung zur Auslieferung.

Diese Überprüfung ist notwendig, um einen Missbrauch Ihrer Daten zu verhindern.

Sollten wir innerhalb einer Woche keine Rückmeldung von Ihnen erhalten, können wir Ihren Auftrag leider nicht ausführen.

Wir hoffen, dass diese Sicherheitsabfrage in Ihrem Sinne erfolgt.

Vielen Dank!
Mit freundlichen Gruessen

Ihr MarktXY-Team

Folgendes Beispiel, von Jim Sterne aus dem Microsoft Kundendienst Nordamerika, dient zur Abschreckung:

> Betreff: Email Angelegenheit #SR--------
> Datum: Do, 6 Mar 2003 10:44:
> Von: Customer Support @microsoft.com
> An: jsterne@....
>
> Dies ist eine E-Mail des Kunden Service der Microsoft Corp.
> ANTWORTEN SIE NICHT AUF DIESE NACHRICHT—
> Ihre E-Mail wird sonst nicht diesem Vorgang zugeordnet.
> Statt dessen LEITEN Sie Ihre Antwort WEITER an die E-Mail Adresse
> COMPMAIL@MICROSOFT.COM
> Platzieren Sie Ihren Text nach dem Schlüsselwort „NACHRICHT".
> Löschen Sie jeglichen weiteren Text oberhalb und unterhalb vom Schlüsselwort.
> Benutzen Sie zur Identifikation als Fall_ID_Nummer:
> SRnnn und „Nachricht",
> Nur so kann sicher gestellt werden, dass Ihre E-Mail in unserem Haus korrekt ausgeliefert wird. Danke!

Unser abschließender Kommentar mit Augenzwinkern: Und verlangen Sie jetzt bloß nicht noch, dass ich mich auf den Weg zu Ihnen begebe, um Ihnen persönlich vorzuführen, wie es geht!

Positive Erfahrungen habe ich dagegen seit langem mit amazon gesammelt. Ich erhielt stets eine Antwort innerhalb eines Werktages. Ich erhielt ausnahmslos freundlich formulierte, inhaltlich konkret auf eine Anfrage eingehende Antworten, die für mich keine Fragen offen ließen. Was mir auch gefällt, ist die Frage zum Abschluss, ob der jeweilige Service hilfreich war. Ich habe dies bisher stets positiv beantwortet.

Reagieren und agieren

Ein agierender Service kann ein Wettbewerbsvorteil sein. Anzunehmen, es bestünde kein Handlungsbedarf, solange sich niemand beschwert, kann zu Überraschungen führen. So erging es seinerzeit dem Dienstleistungsunternehmen UPS (United Parcel Service), als der Mitbewerber Federal Express begann, die Spur aller Pakete minutiös zu verfolgen und diese Information dem Kunden als Zusatznutzen bot. Das UPS-Management zeigte sich zunächst von diesem Schachzug unbeeindruckt. Schließlich konnten sie auf eine Erfolgsquote von 99% verweisen. Was sie zu diesem Zeitpunkt noch nicht wussten: Eine ganze Branche wurde damit aufgemischt! Plötzlich war es sowohl für die Absender als auch die Empfänger ein absolutes Muss, genau zu wissen, wann sich die Pakete wo befanden.

Die Aufgabe eines Service Centers braucht also nicht allein die zu sein, auf eingehende Anfragen, Beschwerden und so weiter zu reagieren. Warum sollte es nicht auch aktiv agieren?
Vor Jahren bestellte ich bei amazon ein Buch im Taschenbuchformat. In der Bestätigung meiner Bestellung erfuhr ich, dass die Taschenbuchausgabe aktuell ausverkauft sei. Um mir das Warten auf eine Neuauflage zu ersparen, bot man mir an, die verfügbare gebundene Ausgabe zum Preis des Taschenbuches zu erwerben. Das nenne ich Kundendienst!

Ähnlich agierte ein Anbieter einer Anti-Baby-Pille. Um Frauen und Mädchen, die mitunter die pünktliche Einnahme vergessen, dieses Problem abzunehmen, bot die Firma an, zur jeweilig gewünschten Tageszeit eine Erinnerungs-SMS aufs Handy zu senden.

Oder wie schrieben Don Peppers und Martha Rogers in „Enterprise One to One"[29]:

Wenn Ihnen der Blumenhändler eine Nachricht schickt, die Sie an den Geburtstag Ihrer Mutter erinnert und anbietet, Blumen dieses Jahr an dieselbe Adresse zu liefern und dieselbe Kreditkarte zu belasten, die Sie im Vorjahr beim Blumenhändler benutzt haben, wie groß ist dann die Chance, dass Sie den Telefonhörer abheben und versuchen, einen billigeren Blumenhändler zu finden?

Auch wenn die jeweilige Bereitschaft des Kunden, Ihnen persönliche Daten mitzuteilen, sehr unterschiedlich ausgeprägt ist: Inwieweit sind Sie sicher, bereits alle Register individualisierter, maßgeschneiderter und Ihrem Kunden einfach wohltuender Informationen gezogen zu haben?

Hier zwei Beispiele von Jim Sterne[35], wo genau dies vergessen wurde:

Die Kanadierin Lilly Buchwitz füllte fleißig das gesamte Web-Formular der Firma Priceline zur Buchung eines Billigfluges aus. Als Sie fertig damit war, wurde ihr mitgeteilt, dass sie nicht buchen kann, da sie nicht in den USA wohnhaft sei.

Wie hilfreich wäre ein Hinweis darauf zu Beginn des Formulars gewesen! Und mit wie wenig Aufwand realisierbar!

Gabe Goldberg kritisiert folgendes Erlebnis, geschehen auf der nordamerikanischen Webseite des Autovermieters Hertz: Nachdem er auf der Webseite ein Kontaktformular ausgefüllt hatte, indem er auf fehlerhafte Links auf der Hertz Webseite hinwies, klickte er auf „Absenden". Auf seinem Bildschirm erschien daraufhin:

Wir bedauern es sehr, aber die von Ihnen soeben genutzte Funktion ist derzeit leider nicht verfügbar. Bitte entschuldigen Sie die damit für Sie verbundenen Unannehmlichkeiten.

Warum praktizieren Unternehmen im Online-Dialog mitunter derart ungenügend durchdachte Lösungen? Auf diese Weise können Beschwerden eingehen, die völlig überflüssig sind und den Kundenservice unnötig belasten und die zudem auch noch Zeit und Geld kosten. Im realen Leben würden wir mit Fehlermeldungen wohl kaum so umgehen:

Wir bedauern zutiefst, dass Sie aufgrund der fehlenden Abdeckung in die Baugrube gestürzt sind. Wir werden die Abdeckung so bald wie möglich wieder montieren.

WEB GOLD Tipp: Halten Sie sich stets die Erwartungen Ihrer Zielgruppe vor Augen! Vermeiden Sie es, zu enttäuschen!

Im Bereich Kundenbetreuung Knigge-konform zu kommunizieren, erfordert neben den sogenannten weichen Faktoren in ganz besonderem Maße fundierte harte Faktoren. Diese verkörpern eine wohldurchdachte technische Infrastruktur, die den Alltag und die Fertigkeiten des Bedieners berücksichtigt. Mitarbeiter im Kundenservice haben primär die Pflicht, sich auf die Bedürfnisse ihrer Zielgruppe einzustellen. Das allein ist bereits eine anspruchsvolle Herausforderung. Eine adäquate technische Infrastruktur dient dazu, sie dabei zu unterstützen. Dies zeigt auch das folgende Beispiel, das Patricia Seybold in ihrem Buch „König.kunde.com" [32)] beschreibt:

Unlängst bestellte ich bei Dell drei Laptop-Computer. Ich wusste, welches Modell ich wollte. Ich war im Besitz aller Produktinformationen, die ich benötigte. Ich war in der Lage, die Konfigurationen und Optionen für jeden einzelnen Rechner auszuwählen. Und binnen weniger Minuten hatte ich das Bestellformular auf der Webseite ausgefüllt. Der einzige Stolperstein war die Rubrik mit den Zahlungsmodalitäten. Ich wollte nicht mit Kreditkarte bezahlen. Meine Firma würde einen Scheck schicken. Es gab keine Erklä-

rung, wie in einer solchen Situation zu verfahren sei. Deshalb rief ich die Nummer auf dem Bildschirm an, und ein Verkaufsrepräsentant erklärte mir, was ich in diesem Feld eintragen solle: Vorausbezahlt. Er erbot sich, das Formular auszufüllen, wies mich aber darauf hin, dass ich bei Bestellung via Web einen Rabatt erhalten würde. Also kehrte ich zum Bildschirm zurück, gab „vorausbezahlt" ein und drückte die Bestelltaste.
Innerhalb einer halben Stunde erhielt ich einen E-Mail mit der Auftragsbestätigung. Eine Stunde danach rief derselbe Verkaufsrepräsentant an, um mir die Adresse durchzugeben, an die ich den Scheck und die Auftragsbestätigungsnummer schicken sollte. Er teilte mir mit, dass es danach zehn Tage bis zu Lieferung meiner Laptops dauern würde: fünf Tage, bis der Scheck eingetroffen und bearbeitet sei, und fünf Tage, bis Dell die Computer zusammen gebaut und auf den Weg gebracht habe. Fünf Tage später trafen die Rechner in meinem Büro ein – fünf Tage früher als erwartet. Ich war begeistert!

Sind die Mitarbeiter ausreichend qualifiziert, um engagiert, fachlich souverän und möglichst stressarm ihre Aufgaben erfüllen zu können? Dazu ein Beispiel[20]: Auf die E-Mail-Anfrage, wie mit den persönlichen Daten, die in einem Webformular abgefragt wurden, umgegangen wird:

In welcher Form werden meine Daten bei Ihnen gespeichert? Kann ich sicher sein, dass meine Daten nicht an Dritte weitergegeben werden?

antworteten drei der befragten Unternehmen wie folgt:

...Daten die Sie uns anvertrauen benötigen wir in der Regel zur Durchführung von Bestellungen [...] und werden in unseren ERP System festgehalten, ggf. werden dem Transportdienstleister [...] die Adressdaten zwecks Auslieferungserfüllung übergeben

Nach abwicklung der Bestellung bleiben Ihre Daten von uns nur gespeichert für eventuelle buchungnachprüfungen unsererseits oder eine Reklamationsanfrage Ihrerseits, oder falls Sie erneut bestellen möchten, die Rechnung nochmal brauchen

Im dritten Fall erreicht diese Anfrage per E-Mail einen Mitarbeiter, der sich außerstande sieht, sie zu beantworten. Er leitet die Anfrage daher an seine Kollegen weiter:

Moin alle zusammen,

ja wie werden die denn gespeichert? Haben wir da ein fertiges Pamphlet für die Kundin, oder soll ich mir was aus den Fingern saugen?

Versehentlich hatte er auch die E-Mail-Adresse der anfragenden Dame im Verteiler stehen gelassen.

7.11. Ihre E-Mail-Knigge-Checkliste

Im Folgenden finden Sie eine Checkliste. Drucken Sie diese bei Bedarf komplett oder nur die für Sie (noch) kritischen Punkte aus, hängen Sie diese gut sichtbar über Ihren Rechner und gehen Sie die Punkte bei Bedarf durch. Wenn Sie entdecken, dass Sie alle Kriterien verinnerlicht haben, dann erübrigt sich diese Gedankenstütze. Die dadurch erworbene Sicherheit wird Ihnen in Ihrem Arbeitsalltag viel Freude bereiten. Erwarten und genießen Sie Wertschätzung von Geschäftspartnern, von Kunden, von Kollegen und vom Chef, wenn Sie diese, in unserer Informationsgesellschaft gefragten Fertigkeiten an den Tag legen. Gutes Gelingen!

Ihre WEB GOLD Checkliste zum E-Mail-Knigge

1. **Antwort**: Zeitnah

2. **Betreff**: Aussagekräftig

3. **Formulierungen**:
   - Auf den Punkt
   - Empfängerorientiert
   - Verständlich
   - Vollständig und korrekt

4. **Der Empfänger soll handeln?**
   Haben Sie die **vier W**-Fragen beantwortet:
   - **Wer** soll handeln?
   - **Weshalb** ist es zu tun? (Kontext, Motivation)
   - **Wann** oder bis wann ist es zu tun?
   - **Wie** ist es zu tun?

5. **Ketten-E-Mails**: Unterbrechen

6. **Verteiler**: Minimieren

7. **Anlage(n)**
   - Weniger ist mehr!
   - Ist ein Link besser geeignet?
   - Sicheres Dateiformat?
   - Zu komprimieren?

8. **Zweck**: Ist die E-Mail dafür geeignet?

Glossar

@
Das Zeichen @, gesprochen wie das englische "at", wird auch "Klammeraffe" genannt. Dieses Symbol verbindet in der E-Mail-Adresse den Benutzernamen mit dem Domainnamen.

Administrator
Systemverwalter in einem Netzwerk, der in den meisten Fällen über alle Zugriffsrechte verfügt.

Adresskette
Aneinanderreihung von E-Mail-Adressen, die jeweils durch ein Semikolon voneinander getrennt werden.

Attachment
[Anlage]
Eine der E-Mail als Anlage beigefügte Datei. Dabei handelt es sich häufig um Grafik- oder Textdateien.

B2B
[Business-to-Business]
Bezeichnung für Geschäftsbeziehungen zwischen Unternehmen. B2B ist die Voraussetzung für virtuelle Unternehmen.

B2C
[Business-to-Consumer]
Beschreibt die Handelsbeziehung zwischen einem Anbieter/Hersteller/Händler und dem (meist privaten) Endverbraucher (Konsumenten).

B2G
[Business-to-Government]
Geschäftsbeziehungen zwischen der öffentlichen Hand und

Unternehmen, so zum Beispiel beim Einkauf oder im Rahmen von Ausschreibungen.

BCC
[Blind Carbon Copy]
Die sogenannte „Blindkopie" oder unsichtbare Kopie ist ein Feld im Kopf einer zu sendenden E-Mail. Alle hier aufgeführten Adressen bleiben, im Gegensatz zur CC (Carbon Copy= Kohlekopie), für den Empfänger unsichtbar.

CC
[Carbon Copy = Kohlekopie]
Die „Kohlekopie" ist ein Feld im Kopf einer E-Mail. Sie kann für bestimmte Anwendungen genutzt werden, um die Liste all derer, die diese E-Mail in Kopie erhalten, aufzuführen. Wer im CC steht, ist für den Empfänger sichtbar.

CI
[Corporate Identity]
Begriff aus dem Marketing, der das äußere Erscheinungsbild einer Organisation definiert. Dazu zählen zum Beispiel Farben, Logos, bestimmte Schriftzüge und so weiter. Um einen Wiedererkennungseffekt zu erreichen, werden Briefpapier, Visitenkarten, Prospekte, Messestände, Werbeartikel, Webseiten bei ihrer Gestaltung am CI ausgerichtet.

Client
Software, die Daten oder Anwendungen von einem Server anfordert.

CRM
[Customer Relationship Management = Kunden-Beziehungs-Management]
CRM ist ein ganzheitlicher Ansatz zur kundenorientierten Unternehmensführung.

Digitale Signatur
Siehe: Signatur, elektronische

E-Book
[Elektronisches Buch]
Publikation auf einem elektronischen Speichermedium.

E-Business
[Electronic Business = Elektronische Geschäfte]
Begriff für elektronische Geschäftsprozesse. Aufgrund der aktuell rasant zunehmenden Elektronisierung von Geschäftsabläufen darf angenommen werden, dass das vorgesetzte „E-" bald seine Bedeutung zur Kennzeichnung eines besonderen Business verliert. Wie selbstverständlich werden Geschäftsprozesse – bis auf wenige Ausnahmen – elektronisch unterstützt.

E-Commerce
[Electronic Commerce = Elektronischer Handel]
Der wohl am weitesten verbreitete Begriff für den elektronischen Handel und damit eine von vielen Facetten des E-Business.

E-Government
[Electronic Government = Elektronische Behörde]
Auch im Zusammenhang mit dem Begriff „digitales oder virtuelles Rathaus" gebraucht. Dabei werden standardisierte Informations- und Verwaltungsdienstleistungen, zum Beispiel der Führerscheinantrag oder diverse Anmeldungen im Zusammenhang mit einem Wohnortwechsel und so weiter in das Internet verlegt.

E-Mail-Policy
Unternehmensinterne Spielregeln im Umgang mit E-Mails. Diese können Vorgaben für die äußere Form und das Antwortverhalten enthalten und regeln, wie im Vertretungsfall und bei der E-Mail-Archivierung zu verfahren ist, wie IT-

Sicherheitsrisiken durch adäquates eigenes Verhalten einzudämmen sind, inwieweit private E-Mails zulässig sind und so weiter. Den Mitarbeitern dient sie als wertvolle Orientierung. Fehlern, begangen aus Unwissenheit, wird vorgebeugt.

Emoticon
Wort-Konstrukt aus den Begriffen „emotion" = Emotion und „icon" = Symbol oder Zeichen. Sind umgangssprachlich auch als „Smilies" bekannt. Können in der privaten Kommunikation (zum Beispiel beim Chatten oder in E-Mails) zusätzlich zum geschriebenen Wort die Gefühlslage des Autors und damit evtl. den tieferen Sinn einer Aussage, zum Beispiel durch Lachen :-D , Augenzwinkern ;-) , Verwunderung :-() unterstreichen.

E-Zine
Kurzform von „Electronic Magazine". Das internetbasierte Pendant zu klassischen Zeitschriften und Magazinen.

FAQ
[Frequently Asked Questions = Häufig gestellte Fragen]
Auflistung von häufig gestellten Fragen und deren Antworten zu einem bestimmten Thema.

Firewall
Ein Rechner, der als elektronische Sicherheitsbarriere für das Netzwerk einer Organisation wirkt. Firewalls werden beispielsweise von Firmen oder Organisationen genutzt, um den angeschlossenen Rechnern den Zugang auf das Internet zu erlauben, das Netz aber komplett vor Zugriffen aus dem Internet abzuschirmen.

Hacker
Der Begriff leitet sich vom englischen „to hack" (dem „Einhacken" von Begriffen auf der Tastatur) ab und bezeichnet in der Regel „Computerfreaks", zunehmend aber auch Kri-

minelle bis hin zu Terroristen, deren Ziel es ist, sich einen Zugang zu fremden Computersystemen zu verschaffen.

Header
[Internet-Kopfzeilen oder E-Mail-Kopfzeilen]
Neben dem sichtbaren Kopf der E-Mail, im Buch beschrieben in Kapitel 6.1, gibt es den sogenannten Header, der detailliertere Informationen zum Transport der E-Mail enthält. Sie erreichen ihn, wenn Sie mit der rechten Maustaste auf eine ungeöffnete, zum Beispiel im Posteingang liegende, E-Mail klicken. Dieser Quelltext ist für den Laien zunächst schwer verständlich. Es ist jedoch rasch erlernbar, was alles daraus abgelesen werden kann. Und: Er ist unbestechlich: Während es einfach ist, den sichtbaren Teil der E-Mail zu manipulieren, misslingt das beim Header. Weil das so ist, hat der Gesetzgeber Vorgaben zur revisionssicheren Archivierung elektronisch erzeugter Dokumente definiert.

HTML
[Hypertext Markup Language]
Dateiformat für Web-Seiten oder auch E-Mails. HTML ist eine Auszeichnungssprache (Markup Language). Sie hat die Aufgabe, die logischen Bestandteile eines Dokuments zu beschreiben. Der Internet Browser schließlich interpretiert den Quelltext und stellt die Webseite dar. Die wichtigsten Eigenschaften von HTML sind die Hyperlinks, über die per Anklicken andere Dokumente oder Webseiten geladen werden.

HTTP
[Hypertext Transfer Protocol]
Übertragungsprotokoll für HTML-Dokumente.

Hyperlink
Eine in Webseiten oder in E-Mails hervorgehobene Stelle, die auf ein anderes Dokument oder eine Sprungmarke in

demselben Dokument verweist, die per Mausklick geladen wird.

Hypertext
Text, der Verknüpfungen, sogenannte Hyperlinks, auf andere Texte oder Dokumente enthält.

Intranet
Häufig auf dem Protokoll TCP/IP basierendes Unternehmensnetz. Intranets sind oft mit Gateways zum Internet versehen oder mit einem Teil des Internets (Kunden, Lieferanten und so weiter) verbunden.

IP-Adresse
Eindeutige **I**nternet-**P**rotokoll-Adresse eines Rechners oder Webservers. Um die Orientierung zu erleichtern, sind den IP-Adressen von Webservern mit Hilfe des Domain-Name-Service Namen zugeordnet.

Java
Plattformunabhängige, objektorientierte Programmiersprache, die von Sun Microsystems speziell für Internet Applikationen entwickelt wurde.

JavaScript
JavaScript ist eine von Netscape entwickelte interpretierbare Programmiersprache auf der Grundlage von Java (Sun). Die Skripte können sowohl in Internet-Seiten als auch in E-Mails eingebunden werden. Der Browser oder E-Mail-Client interpretiert den Programmcode und führt die darin enthaltenen Anweisungen aus. Javascript kann ein nicht unerhebliches Sicherheitsrisiko darstellen. In der Regel wird es zur Verbesserung des Nutzer-Komforts eingesetzt (zum Beispiel Warenkorbfunktionen, Formular).

JPEG
[Joint Photographic Experts Group]
Stark komprimierendes Dateiformat. Aufgrund der geringen Dateigrößen hat JPEG eine große Bedeutung im World Wide Web gewonnen. Im Gegensatz zu GIF können JPEG-Bilder deutlich mehr als nur 256 Farben enthalten. JPEG ist ein so genanntes Lossy-Verfahren, da bei der Komprimierung der Bilddaten Informationen wegfallen.

Junk-Mail
Alternativer Begriff zum SPAM, also unerwünschte Werbe-E-Mails.

Link
Kurzform von Hyperlink.

Logfile
Das Auswerten der Zugriffe auf eine WWW-Präsenz wird "Log-File-Analyse" genannt.
Bei jedem Besuch einer Webseite wird der Zugriff in der Server-Statistik mitprotokolliert und in einer "Log-Datei" festgehalten. Dabei werden eine Vielzahl von Detailinformationen zum jeweiligen "Besuch" gespeichert.
Diese können – graphisch und numerisch entsprechend aufbereitet - zum Beispiel zur Erfolgsmessung eines Internetangebots, eines E-Mailings oder weiterer Marketingkampagnen statistisch ausgewertet werden oder in anderem Zusammenhang auf sicherheitsrelevante Aktionen bestimmter Benutzer hin durchsucht werden.

Mailbox
[Mailbox = Postfach]
Mailbox ist die Bezeichnung für das E-Mail-Postfach.

Makrovirus
Computervirus, das die Makroprogrammiersprache eines Anwendungsprogramms benutzt, um seinen Code zu repli-

zieren und damit Schaden anzurichten. Er kann betriebssystemübergreifend sein und befällt keine vollständigen Programme, sondern einzelne Dokumente (zum Beispiel solche in Word oder Excel). Oftmals werden Makroviren über E-Mail-Anlagen weiterverbreitet.

Mbit/s
[Megabit pro Sekunde]
Einheit für die Geschwindigkeit der Datenübertragung in Computernetzen. 1 Mbit/s entspricht 1.024 Kbit/s.

MIME
[Multipurpose Internet Mail Extensions]
Standard, der den Body (Körper) und nicht mehr den Header (Kopf) einer E-Mail spezifiziert und gliedert. Auf diese Weise ist es möglich, nicht-textuell darstellbare Informationen zusammen mit Texten zu versenden.

Netiquette
Ein Kunstwort, das die Begriffe „Network" und „Etiquette" in sich vereint. Analog zum „Knigge" handelt es sich um Verhaltensregeln, die als ungeschriebene Gesetze das Miteinander von Online-Nutzern optimieren.

Netzwerk
Als Netzwerk wird ganz allgemein eine Reihe von Computern und Peripheriegeräten bezeichnet, die über Anschlusskabel miteinander verbunden sind und gemeinsame Ressourcen nutzen.

Newsgroups
Diskussionsforen, die sich, thematisch geordnet, mit der gesamten Palette möglicher Informationen beschäftigen können. Anders als bei einer Mailing-Liste werden die Beiträge jedoch nicht an die Abonnenten verschickt, sondern sind in einem „Reader" im Web zu lesen.

Newsletter
Ein Newsletter ist eine E-Mail mit informativen und/oder werblichen Inhalten an einen größeren Empfängerkreis. Vor dem Versand sollte sich der Absender ausdrücklich das Einverständnis des Empfängers geben lassen. Meist erfolgt dies durch Eintragen der E-Mail-Adresse des potenziellen Empfängers auf der Homepage des Versenders. Der Bezug von E-Mail-Newslettern kann dabei in der Regel sofort gekündigt werden. Die meisten E-Mail-Newsletter sind kostenfrei.

Nutzer
Umgangssprachliche Bezeichnung für jemanden, der das Internet entweder ganz allgemein oder auch für bestimmte Leistungen nutzt.

Online-Dienst
Bietet eine Reihe von Dienstleistungen im Online-Bereich an: Der Zugang zum Internet, eine eigene E-Mail-Adresse, die eigene Homepage. Darüber hinaus gibt es Angebote, wie Homebanking, Reise-, Nachrichtendienste und Pop-Up-Mails, die nur für Mitglieder zugänglich sind.

Online-Marketing
Stellt einen strategischen Ansatz zum Auf- und Ausbau eines Online-Dialogs mit und unter Einbeziehung der Zielgruppe dar. Es sind zunächst die aktuellen Wünsche, Nöte und Bedürfnisse bestehender und potenzieller Kunden, die es frühzeitig zu erkennen gilt. Daraus ist abzuleiten, welche Wertschöpfung für die Zielgruppe, basierend auf den eigenen und verfügbaren Kernkompetenzen, generiert werden kann. Diese dann zu realisieren kann durchaus offline erfolgen. Ziel des Online Marketing ist die Kundenfindung und -bindung. Gegenüber dem klassischen Marketing bietet Online-Marketing ein ungleich höheres Maß an Interaktivität, darüber hinaus völlig neuartige Möglichkeiten des Controlling, zum Beispiel im Kampagnenmanagement. Es

ist möglich, die Resonanz der Zielgruppe kontinuierlich zu quantifizieren und daraus Optimierungen ungleich kurzfristiger und kostengünstiger als im klassischen Marketing, abzuleiten und umzusetzen.

Opt-in-Liste
Liste der E-Mail-Adressen derer, die eingewilligt haben, bestimmte Informationen von Ihnen per E-Mail zu erhalten.

pdf oder PDF
(Portable Document Format)
Plattformunabhängiges Dateiformat, das für Online-Veröffentlichungen von Dokumenten sowie als sicheres Format für E-Mail-Anlagen genutzt wird. Der für die Anzeige notwendige Acrobat Reader wird von Adobe kostenlos weitergegeben. Den Adobe Writer zum Konvertieren vom Word- ins pdf-Format kann man kostenpflichtig erwerben oder Alternativangebote kostenlos im Internet herunterladen.

PEM
Private Enhanced Mail.
Sicherungsmechanismus für E-Mails im Internet.

PGP
PGP [Pretty Good Privacy]
Verschlüsselungsmethode für E-Mails. Arbeitet mit dem Public-Key-Verfahren. (www.pgp.com)

POP3
[Post Office Protocol 3]
Dient der Abwicklung der E-Mail-Kommunikation. POP3 speichert E-Mails zunächst auf dem Server und lädt dann die Nachrichten auf Anfrage des Berechtigten auf den Rechner des E-Mail-Clients.

Private Key
Personal oder private Key lässt sich übersetzen mit: Persönlicher oder privater Schlüssel. Gemeint sind damit die Schlüssel, die zum Codieren (Verschlüsseln) und Decodieren (Entschlüsseln) einer Nachricht verwendet werden. Derartige Schlüssel sind vom Besitzer absolut geheim zu halten und niemandem mitzuteilen, da andernfalls das Merkmal des Persönlichen nicht mehr gegeben ist und alle anderen Besitzer dieses Schlüssels die Nachrichten decodieren könnten.

Provider
Der Provider bietet dem Mitglied oder Kunden über seinen Rechner einen Zugang zum Internet an. Dafür muss der Kunde in der Regel eine leistungsabhängige oder pauschale Gebühr bezahlen.

Proxy-Server
Ein Proxy-Server speichert häufig nachgefragte Daten aus dem Internet, damit sie bei der nächsten Anfrage schneller zugänglich sind. Er dient damit auch häufig als Gateway für den Internetzugang von Unternehmensnetzen.

Public-Key-Verfahren
Das Verschlüsselungsverfahren beruht auf zwei Codes. Der erste ist dem einzelnen Benutzer eindeutig und einmalig zugeteilt. Der zweite Schlüssel ist öffentlich. Gemeinsam ergibt sich ein für jeden Benutzer unterschiedlicher Mechanismus, mit dem die Daten entschlüsselt werden können. Durch den Umstand, dass kein Passwort vorher übermittelt werden muss, ist das Verfahren besonders sicher.

Quellcode
Mitunter auch Quelltext genannt. In einer Programmiersprache geschriebener ASCII-Text, der durch ein Übersetzungsprogramm in eine ausführbare Form umgesetzt

wird. Bei Webseiten wird der HTML-Code gemeinhin als Quelltext bezeichnet.

Router
Rechner, der Datenpakete zwischen Netzwerken überträgt.
Server
Computer der verschiedenartige Dienste bereitstellt. Dazu gehören unter anderem E-Mail-Verwaltungsdienste, Webpublikationsdienste und Dienste für den Betrieb von Netzwerken. Der Server beantwortet so beispielsweise die Anfrage des Kunden-Rechners, des Client oder dessen Web-Browsers.

Signatur, elektronische
[Signatur = Unterschrift]
In der E-Mail-Kommunikation ist zwischen der Signatur unterhalb der abschließenden Grußformel und der digitalen Signatur zu unterscheiden. Letztere ist die rechtlich korrekte Bezeichnung für eine E-Unterschrift. Sie dient der genauen Identifizierung des Absenders und sichert die inhaltlich unveränderte Übertragung der E-Mail-Nachricht.
Das Signaturgesetz unterscheidet zusätzlich zwischen verschiedenen Arten (§2 SigG):

➢ Einfache elektronische Signaturen dienen dazu, den Urheber einer Nachricht zu kennzeichnen. Für diesen sind keine Richtlinien definiert. Es kann sich auch um eine gescannte Unterschrift handeln, die abgespeichert wird. Dieser Signaturtyp hat einen nur geringen Beweiswert.

➢ Für fortgeschrittene elektronische Signaturen gelten höhere Anforderungen: Sie müssen sich eindeutig einer Person zuordnen lassen und eine Manipulation der Daten erkennbar machen. Dazu ist ein Zertifikat nötig. Die Sicherheit dieses Signaturtyps hängt jedoch von den eingesetzten Verfahren und der Sorgfalt der Anwender ab. Im Streitfall muss der Anwender beweisen, dass die Signatur sicher erzeugt wurde.

> Bei der qualifizierten elektronischen Signatur dagegen wird die E-Sig ihrem Urheber durch ein qualifiziertes Zertifikat zugeordnet. Und das muss von einem anerkannten Zertifizierungs-Dienste-Anbieter („Trust Center") ausgestellt werden. Qualifizierte elektronische Signaturen stellen die höchste Sicherheitsstufe dar. Sie sind der handschriftlichen Unterschrift gleichgestellt und können im Rechtsverkehr eingesetzt werden.

Smiley
Siehe: Emoticon

SMTP
[Simple Mail Transfer Protocol]
Protokoll zum Verschicken von E-Mails.

SPAM
Elektronischer Müll: Ursprünglich vorrangig unaufgefordert versendete Werbe-E-Mails, meist an unbekannte Empfänger, deren Adressen eingekauft wurden. Inzwischen zählen auch E-Mails dazu, die als harmlos getarnte Nachrichten, das Ziel verfolgen, den Empfänger auszuspionieren oder seinem Netzwerk und seinem Unternehmen zu schaden.

Targeting
[Target = das Ziel]
Begriff aus dem Marketing, der sich in der Regel auf zielgruppenorientiertes Marketing bezieht. Anders als beim klassischen Direkt-Marketing, bietet das Online-Marketing zahlreiche Analysetools für eine optimierte Zielgruppenansprache (Targeting).

Trojanisches Pferd
Kleines Programm, das getarnt als harmlose Anwendung im Hintergrund geheime Informationen, zum Beispiel Passwörter, ausspioniert und selbsttätig an einen

unbefugten Empfänger, meist den Urheber des trojanischen Pferdes, übermittelt.

Update
[Aktualisierung]
Mittels dieser kleinen Zusatzsoftware können registrierte Kunden, meist zu einem günstigen Preis, ihre alte Software auf den neuesten Stand bringen.

Upgrade
[Verbesserte Version]
Die Erweiterung einer Software um wesentliche neue Bestandteile, die zu einer erhöhten Leistungsfähigkeit führen. Dazu im Unterschied: Update.

URL
[Uniform Ressource Locator]
Die eindeutige Adresse einer Webseite im Internet.

User
Siehe Nutzer

Verschlüsselung
[Verschlüsselung = Encryption]
Die gezielte Übersetzung von Informationen durch Kommunikationspartner in eine für Außenstehende unverständliche Form mit dem Ziel, vertrauliche Daten zu schützen. Eine verschlüsselte E-Mail bleibt auf ihrem Transport vom Absender zum Empfänger für Dritte unlesbar.

Virales Marketing
Analog dem Übertragungsweg eines Virus von Mensch zu Mensch kann eine Empfehlung oder eine gute Erfahrung an viele andere weiter gegeben werden. Im klassischen Marketing spricht man von Mund-zu-Mund-Propaganda. Im Online-Marketing kann sogar eine unvergleichlich höhere Multiplikatorwirkung erzielt werden. Voraussetzung ist ein

Produkt oder Service, der den Nutzern einen so großen Vorteil bringt, dass diese motiviert sind, Ihre Empfehlung an viele andere Menschen weiter zu geben.

Virenscanner
Virenscanner sind Programme, mit denen Dateien und Datenträger daraufhin untersucht werden können, ob sie von Computerviren befallen sind. Eine andere Bezeichnung für Virenscanner ist Antivirenprogramm. Die Aktualität des Virenscanners ist ein Muss.

Virus
Ein Computervirus ist normalerweise ein kleines, ausführbares Programm, das in der Lage ist, sich nach seinem Aufruf selbsttätig ganz oder teilweise an den ausführbaren Code anderer Programme anzuhängen, diese also zu "infizieren". Analog zu den biologischen Viren benötigen Computerviren grundsätzlich einen "Wirt" als Transportmittel. Das befallene Programm steckt dann der Reihe nach wiederum andere Programme an.

Web
Kurzform für den Begriff World Wide Web.

Webmail
Das Abrufen von E-Mails über eine HTML-Seite im WWW unabhängig vom geografischen Ort. Verschiedene Webservices bieten ihren Besuchern Webmails als Extra-Leistung an.

Webserver
Ein Rechner im Internet, von dem HTML-Dokumente und Grafiken abgerufen werden können. Im eigentlichen Sinne ist es die Software, die auf diesem Rechner die Aufgabe übernimmt, die angeforderten Dokumente an die Benutzer zu übertragen.

Wurm
Ein auf Netzwerke ausgerichtetes bitweise arbeitendes Programm, das sich in einem System (vor allem in Netzen) ausbreitet. Ein Wurm kann alle Teile des Computers befallen. Er reproduziert sich ständig selbst und beeinträchtigt dadurch zusätzlich die Leistung der betroffenen Rechner. Meist erfolgt der Angriff in zwei Stufen. Zunächst nutzt er Schwachstellen in den angegriffenen Systemen aus, um anschließend einen Teil des Programmcodes ausführen zu lassen, der die Übertragung des kompletten Wurmprogramms ermöglicht. Ist ein Rechner erfolgreich attackiert worden, wird er als Ausgangsbasis für Angriffe auf andere angeschlossene Systeme benutzt.

WWW
[World Wide Web]
Teil des Internets, der Multimedia- und Hyperlinktechnik miteinander kombiniert. Das WWW hat wesentlich zum Erfolg des Internet in den vergangenen Jahren beigetragen. In der Literatur wird es immer häufiger (fälschlich) als Synonym für das Internet benutzt. Adressen im World Wide Web beginnen in der Regel mit: http://www....

Zertifizierungsstelle
Übergeordnete Instanz, welche die Identität von Antragstellern prüft und ihnen Zertifikate ausstellt. Zertifizierungsstellen sind allgemein anerkannt und vertrauenswürdig. Auch als Trust-Center oder Certification Authority bezeichnet.

Literaturverzeichnis

1. Arheiliger, Natalie: E-Mail-Management bei Sparkassen in Nordrhein-Westfalen: Eine empirische Untersuchung. Diplom-Arbeit (Broschiert). Grin Verlag, 2007. ISBN: 3638730387

2. Back, Mitja; Schmukle, Stefan; Egloff, Boris: How extraverted is honey.bunny77@hotmail.de? Elsevier: Journal of Research in Personality 42, 2008, 1116-1122

3. Birkenbihl, Michael: Train the Trainer. Seite 75 ff; Verlag Moderne Industrie, 1995, ISBN: 347852282X

4. Cavanagh, Christina: Managing your E-Mail. John Wiley & Sons, 2003, ISBN: 0471457388

5. Covey, Steven R.: Die sieben Wege zur Effektivität. Heyne, 2005, ISBN: 897495732

6. Döring, Nicola: Sozialpsychologie des Internet. Die Bedeutung des Internet für Kommunikationsprozesse, Identitäten, soziale Beziehungen und Gruppen. (Taschenbuch) Hogrefe 2003, ISBN: 3801714667

7. Dressel, Martina: Wissen, wo Sie stehen.
   - Feedback geben und nehmen-
   Arbeitsbroschüre zum Führungskräftetraining.
   Dr. Dressel GmbH, 2008

8. Dressel, Martina: Kritisches Feedback. – Trotz Pleiten, Pech und Pannen die richtigen Worte finden-
   Arbeitsbroschüre zum Führungskräftetraining.
   Dr. Dressel GmbH, 2008

9. Dressel, Martina: Konfrontation: Schwierige Gespräche führen. Arbeitsbroschüre zum Führungskräftetraining. Dr. Dressel GmbH, 2008

10. Dressel, Martina: Konfliktmanagement.
Arbeitsbroschüre zum Führungskräftetraining.
Dr. Dressel GmbH, 2008

11. Dressel, Martina: Umgang mit schwierigen Personen: Über Dampfwalzen, Nervensägen, Besserwisser... Arbeitsbroschüre zum Führungskräftetraining.
Dr. Dressel GmbH, 2008

12. Floren, Annette: Voll im Trend: Die elektronische Signatur. IHK Dresden WD 9/2008, Seiten15-16

13. Freed, Larry: Annual E-Commerce Report. Foresee Results, 15. Februar 2005

14. Getting the message, at last. The etiquette of telecommunications. The Economist,
13. Dezember 2007

15. Gillies, Constantin: Etikette für E-Mails. Die Welt,
3. November 2007

16. Goleman, Daniel: E-Mail Is Easy to Write (and to Misread). New York Times, 7. Oktober 2007

17. Hiebert, Murray; Klatt, Bruce: The Encyclopedia of Leadership. McGraw-Hill Business, 2001.
ISBN: 00713630804

18. Hiebert, Murray: Powerful Professionals: Getting Your Expertise Used Inside Organizations. Trafford Publishing, 2005. ISBN: 1412054214

19. Hovermann, Eike: Briefe & E-Mails schreiben und gestalten nach DIN: Die kommentierte neue DIN 5008. Humboldt, 2005. ISBN: 3899940679

20. Hudetz, Kai; Geißler, Holger; Duscha, Andreas: E-Mail-Kommunikation von Handel und Dienstleistung auf dem Prüfstand. Analyse zum Kommunikationsverhalten von 100 namhaften Unternehmen. Studie des E-Commerce-Center Handel, Köln in Zusammenarbeit mit der psychonomics AG, 2004

21. Huey, E.B.: The psychology and pedagogy of reading. Massachusetts: MIT Press

22. Kruse, Jan Peter: E-Mail Management. Seite 25; Gabler Verlag, 2000, ISBN: 3409115846

23. Langer, Inghard; Schulz von Thun, Friedemann; Tausch, Reinhard: Sich verständlich ausdrücken. Ernst Reinhard Verlag, 2006. ISBN: 3497016063

24. Medea, John: Simplicity!: Die zehn Gesetze der Einfachheit. Spektrum, 2007. ISBN: 3827418690

25. Mediafinanz AG: Inkasso 2.0: Deutschland Studie: Forderungseinzug im E-Commerce. 2008

26. Meier, Gunter: E-Mails im Berufsalltag. Expert, 2005. ISBN: 3816925472

27. Muter, Paul: Interface Design and Optimization of Reading of Continuos Text. Aus: Von Herre van Oostendorp, Sjaak de Mul (Ed.): Cognitive Aspects of Electronic Text Processing. Greenwood Publishing Group, 1996. ISBN: 1567502350.

28. Naquin, C.; Kurtzberg, T.; Belkin, L.: Being Honest Online: The Finer Points of Lying in Online Ultimatum Bargaining. Paper, Annual Meeting of the Academy of Management, August 2008.

29. Peppers, Don; Rogers, Martha: Enterprise One to One: Tools for Competing in the Interactive Age. Currency, 1999, ISBN: 038548755X

30. Rosenberg, Marshall B.: Gewaltfreie Kommunikation. Junfermann, 2004, ISBN: 3873874547

31. Schneider, Wolf: Deutsch für Kenner. Piper Verlag, 2006, ISBN: 3492244610

32. Seybold, Patricia: koenig,kunde.com. Econ Verlag, 1998, ISBN: 3430183774

33. Shipley, David; Schwalbe, Will: Erst denken, dann senden. Heyne Verlag, 2008, ISBN: 9783453600768

34. Sick, Bastian: Der Dativ ist dem Genitiv sein Tod. Kiepenheuer & Witsch, 2005, ISBN: 6462034480

35. Stern, Jim: Customer Service on the Internet. John Wiley & Sons, 2000, ISBN: 0471382582

36. Walker, Felix: Höflichkeit im digitalen Zeitalter. Hugo Wyrsch Marketingberatung und Verlag, 2004, ISBN: 3905198797

37. Watzlawick, Paul; Beavin, Janet H.; Jackson, Don D.: Menschliche Kommunikation. Verlag Hans Huber, 2000, ISBN: 3456834578

38. Widmann, Britta: Studie: E-Mail-Bedrohungen nehmen rapide zu. ZDNet 7. April 2007, www.zdnet.de

39. Widmer, Thomas: E-Mail: Wortfolter in der Neuzeit. WELTWOCHE.CH, Ausgabe 10/08

40. Wurm, Christiane: Die erfolgreichsten Geschäftsbriefe. Gabler Verlag, 2002, ISBN: 3409120076